L'Esprit souffle, suis-le

W0338112

Hubert de Boisredon

L'Esprit souffle, suis-le

ITINÉRAIRE D'UN DIRIGEANT ENGAGÉ

MAME

MAME

Direction : Guillaume Arnaud
Responsable éditorial : Sophie Cluzel
Direction artistique de l'ouvrage : Thérèse Jauze
Édition : Vincent Morch, assisté par Alexandra Altomonte
Compositeur : Text'Oh
Direction de fabrication : Thierry Dubus
Fabrication : Marie Guibert-Tribout

© Mame, Paris, 2021
www.mameeditions.com
ISBN : 978-2-7289-2811-8
MDS : MM28118

Tous droits réservés pour tous pays

À mes parents qui m'ont donné leur amour, leur courage et leur foi ;

à mon épouse Marianne, ma compagne de tous les instants dans l'écoute de l'Esprit et les aventures de notre vie ;

à mes enfants Maïti – et Paul son mari –, Xavier, Vianney, Jean, que j'aime tendrement, et à nos enfants accueillis Emmie et Levï, qui par ce qu'ils sont, m'invitent à une plus grande liberté intérieure ;

aux collaborateurs et partenaires d'Armor, qui partagent et construisent le projet d'une entreprise au service de la société ;

aux multiples personnes qui m'accordent le don précieux de leur amitié…

PRÉAMBULE

Les paysages d'Anjou et de Sarthe défilent sous mes yeux. Depuis mon siège de TGV sur le trajet de Paris à Nantes, je contemple la Loire. Ses méandres étincelants au lever du soleil de ce début d'été épousent les prairies encore vertes. La lumière de l'aube se dépose sur la Terre et réveille une brume si blanche qu'elle vient apaiser l'âme. Dans les champs de blé, un couple de chevreuils danse dans l'insouciance de la paix matinale. La France est belle.

Dans le wagon, certaines personnes dorment, d'autres travaillent. Je suis gêné par l'inconfort lié au port du masque en cette période de pandémie de Covid-19. Cette épreuve collective m'invite à la réflexion. Mon esprit est en éveil, encore vierge des soucis de la journée, ouvert à recevoir ce que l'infini peut vouloir me donner. C'est alors que je suis imprégné d'un mélange d'une grande douceur et d'un débordement de vie. Il m'est donné à ce moment de regarder ma vie. Une gratitude m'envahit. Je ressens ma petitesse devant l'immensité de la création, celle d'un homme comme les autres, qui se retrouve là dans le monde. Et en même temps, je suis émerveillé de la manière dont la vie m'a conduit par des chemins imprévus, déroutants et difficiles parfois, mais dont j'accueille la cohérence aujourd'hui.

Quelques personnes m'ont encouragé à partager ces chemins de vie dans un livre. J'ai longtemps hésité car je redoutais la mise en avant d'une expérience autocentrée et sans grand intérêt. Écrire un tel livre m'invite à ouvrir mon intimité. Je craignais donc de me dévoiler au point de me retrouver plus vulnérable dans ma responsabilité de dirigeant d'entreprise et même vis-à-vis de mes amis. Certains, dans les milieux professionnels, pourraient penser que je suis devenu un idéaliste illuminé, qui aurait soudainement perdu le sens des réalités financières de l'entreprise. Des passages de ce livre, jugés trop personnels ou spirituels, pourront susciter des critiques. Je suis conscient que je prends un risque, celui que certains découvrent un Hubert différent de son image. Peu à peu, j'ai accueilli une invitation à révéler ce que j'ai vécu et ce que je crois, simplement, librement, en vérité. Je suis habité par un appel intérieur à partager mon histoire, non pas pour elle-même, mais pour dévoiler la source qui m'a guidé et m'anime aujourd'hui dans mon désir de me donner aux autres et au monde. L'important n'est pas moi, mais la source. Le sens de ma vie provient de cette source. Le passé n'a de valeur en tant que tel que s'il inspire l'aujourd'hui et ouvre un espace nouveau pour demain.

Mon but n'est pas de convaincre ou de montrer un modèle, encore moins d'imposer une vérité. Je suis poussé à partager une expérience. Si celle-ci peut toucher l'un ou l'autre, ou vous inspirer pour construire un monde plus humain et plus juste, j'en serais heureux, mais cela ne m'appartient pas.

Ce livre est une action de grâce, une reconnaissance de ce que j'ai reçu. Je pense à mon épouse Marianne, à mes enfants et à mes amis chers qui m'apportent tant. Ils sont ma première raison de vivre. Ce sont eux qui, malgré mes faiblesses, me font découvrir ma capacité à aimer. Je pense également aux équipes d'Armor[1] pour lesquelles je suis engagé dans la

---

1. Armor (www.armor-group.com) est un groupe industriel français, spécialiste de la formulation et de l'enduction de couches fines sur films minces, qui emploie 2 000 personnes, dont 700 en France.

direction de l'entreprise depuis dix-sept ans. Je suis émerveillé par l'esprit d'innovation dont je suis témoin jour après jour.

Je pourrais parler des heures de l'enthousiasme collectif qui anime tous ceux qui portent ce projet industriel visant à mettre notre technologie au service d'enjeux de société, notamment la lutte contre le réchauffement climatique. Je pourrais écrire un livre sur l'entreprise innovante et libérée, sur le management, l'économie ou sur la stratégie d'entreprise. Tant de choses passionnantes pourraient être partagées.

Mais ce matin, dans ce wagon du TGV Nantes-Paris, alors que je contemple la brume qui relie la terre et le ciel, défilent les visages de nombreux jeunes étudiants ou professionnels, tels Théophile et Inès, deux étudiants de la Majeure entrepreneurs d'Audencia. Lors de nos échanges, leur souhait n'était pas tant que je décrive ce que je fais ou comment fonctionne l'entreprise, mais plutôt que je réponde à leurs questions : « Pourquoi faites-vous ce que vous faites ? Quelle est votre motivation de dirigeant ? Quel sens mettez-vous dans votre travail, vos responsabilités ? Et comment en êtes-vous arrivé là ? À notre âge, quelles étaient vos questions, votre quête ? Et aujourd'hui, comme patron d'entreprise, êtes-vous encore en mouvement dans votre vie ? » Et Georges, un autre jeune rencontré récemment, de me dire : « Comment donner du sens à mon travail et à ma vie ? » Je me dis alors que l'essentiel de ce que je souhaite partager n'est pas tant ma responsabilité d'entreprise, mais plutôt comment j'ai été conduit pour accueillir dans ma vie de dirigeant une vocation qui a du sens et me rend pleinement heureux.

La colonne vertébrale de ce récit est donc de vous partager la quête de ma vie.

Ce qui m'a animé durant ces années est de chercher à vivre une unité possible entre ma foi chrétienne, les autres – et en particulier les personnes fragiles et ceux que la société rejette – et ma passion pour l'entreprise et la société. J'ai à cœur également par ce livre de signifier que cette quête est toujours actuelle car c'est un chemin et non un but. Je vois bien en effet la tentation qui me guette. À 57 ans, ayant « réussi » selon certains schémas de la société, je pourrais expliquer que tout va bien en raison d'un parcours passé, dont je tirerais les fruits pour la suite de mon existence. Je pourrais m'installer là et laisser les années défiler, mais cela ne me satisfait pas. D'une part, parce que je crois que la vraie réussite n'est pas celle du statut, de la carrière ou des biens accumulés, mais celle de la fidélité à soi-même. Et par ailleurs, je crois que je ne cesse d'être appelé à la nouveauté et à sortir de moi-même. La question : « À quoi suis-je appelé au service des autres et du monde ? » reste d'actualité aujourd'hui comme hier. D'ailleurs, que veut dire « être au service des autres » ? De quels autres ? Dans le silence parfois lourd de l'attente, dans le constat de mes pauvretés ou quand des pistes apparaissent, demeurer dans la confiance, avec cette question : « Comment cela va-t-il se faire ? » est nécessaire pour que la réponse vienne du « dedans », dans ce lieu essentiel de l'être d'où jaillit la nouveauté. Cette question n'est pas angoissante, elle est passionnante car elle donne du goût à la vie, à une vie qui est en permanence vouée au mouvement dans un échange entre soi et les autres, soi et le monde, soi et Dieu.

Je veux lever tout de suite une ambiguïté : j'ai dit que ma vocation de dirigeant d'entreprise me rend pleinement heureux. Oui, c'est le cas, mais je précise que le bonheur dont je parle n'est pas fait de facilité et de légèreté permanente. Il est plutôt le résultat d'un choix assumé, de l'acceptation de mes faiblesses et d'une fidélité à un appel intérieur que j'ai appris à reconnaître avec le temps et qui se renouvelle en permanence dans le contact avec le monde.

À travers quelques expériences, à chaque fois faites de rencontres, j'aimerais vous partager combien j'ai reçu des autres et du monde. Mon désir est de rendre ce que j'ai reçu. Quand on croit qu'on a un rôle à y jouer, le monde devient notre allié pour habiter pleinement notre vie, à travers les joies, mais aussi à travers les difficultés. Aux plus jeunes et aux moins jeunes, qu'ils travaillent en entreprise ou pas, je veux dire ma conviction qu'il est possible de réussir sa vie en étant utile aux autres quand on fait confiance à son guide intérieur, à son étoile, à ses talents, et, pour ceux qui le connaissent et peuvent le nommer ainsi, à Dieu qui habite l'intime de notre être. Avec vous, j'ai le désir d'explorer certains épisodes de ma vie, qui m'ont amené à découvrir qu'au-delà du faire et du paraître, le plus important, c'est l'être. J'oserais dire même que c'est l'amour que l'on reçoit des autres, au-delà de nous-mêmes et que l'on cherche à redonner autour de soi. Au fil du temps, je prends conscience combien l'essentiel consiste toujours à choisir l'amour. C'est cela, cette source que j'ai envie de vous partager car c'est elle qui conduit ma vie. Ma vie est celle d'un homme normal, pauvre à bien des égards, qui, à des moments particuliers de son existence, a été saisi par une présence intérieure qui l'a guidé de manière totalement différente de ce qui était programmé. Cette présence continue de l'accompagner dans sa vie d'époux, de père, d'ami et de dirigeant d'entreprise. Ce chemin n'est pas terminé, heureusement. Il commence à chaque instant. Il se poursuit maintenant. Ce livre est un jalon sur ce chemin, pour un avenir que nous ne connaissons pas encore, ni vous, ni moi. Mais je sais par avance que l'horizon qui s'ouvre sera lumineux.

Puisse mon témoignage susciter un mouvement en vous et entre nous qui, telle une vague, creuse la mer pour appeler une autre vague.

CHAPITRE 1

RENOUVEAU

LÂCHER-PRISE

Il est des périodes de nos vies où, sans savoir pourquoi, des événements s'enchaînent, apparemment sans liens entre eux. Nous les vivons pour eux-mêmes dans l'instant présent. Parfois, ce sont des moments de joie, des victoires accomplies et parfois, des moments d'épreuve, apparemment perdus. Sur le moment, nous les égrainons comme des perles mises les unes à côté des autres. Et soudain, quand on les regarde ensemble dans la lumière du matin, les perles se mettent à esquisser une cohérence. Il suffit alors d'un fil pour les relier et former le collier dont nous ne soupçonnons pas l'existence.

Le printemps de l'année 2018 est l'une de ces périodes étonnantes de ma vie qui continue de me porter aujourd'hui dans un élan nouveau dont je ne cesse de découvrir chaque jour la portée.

Tout a commencé par une opération chirurgicale inattendue. Puis ce sont des rencontres au bout du monde, aux Philippines, qui sont venues ouvrir des horizons nouveaux pour ma vie d'aujourd'hui.

PRINTEMPS 2018, AU CHU DE NANTES

Dépouillé de tous mes vêtements, entièrement nu, j'enfile la tunique de coton qui se trouve dans ma chambre d'hôpital et j'attends que quelqu'un vienne me chercher. Une infirmière arrive et me dit : « Vous devriez prendre un anxiolytique pour l'opération. C'est tout de même une opération chirurgicale délicate. » Le temps s'est arrêté net. La question de l'infirmière réveille l'angoisse que j'avais réprimée jusqu'à présent. Et si je ne me réveillais pas ? Et si le scalpel du chirurgien dérapait, sectionnait la carotide, ou endommageait les cordes vocales et le larynx ? Et si, et si… ? Je prends soudain conscience que le moment est venu d'y aller. Le temps des questions et des angoisses n'est pas de mise et n'apporte rien. De toute manière, je n'ai pas d'autre solution que de m'abandonner entre les mains du chirurgien et de faire confiance. Je ressens alors une invitation intérieure à abandonner ma vie, à lâcher prise et à tout « remettre » dans un esprit de gratitude pour ce que j'ai reçu jusqu'à présent : l'amour de mes parents, de mon épouse, de mes enfants et de mes amis ; les aventures vécues qui m'ont tant apporté ; mon travail chez Armor, et tant d'autres choses. Je pressentais que cette opération marquerait le début d'une nouvelle étape de ma vie. J'étais loin de soupçonner que c'était juste la première étape d'une succession d'événements qui ont marqué cette année 2018. Oui, j'entrais dans « autre chose ».

Les derniers mois avaient été très intenses. J'avais travaillé pour la recapitalisation d'Armor qui ouvrait plus largement le capital aux salariés du groupe, avec l'ambition de permettre à tous, sans exception, d'investir dans l'entreprise. J'étais heureux pour Armor de cette nouvelle étape qui venait d'être signée.

C'est dans ce contexte que je vais faire une échographie de routine à la suite de la constatation d'une petite boule à la tête, visiblement sans gravité. J'avais fait appel à Stéphane, un ami radiologue, qui me dit : « Je vais en profiter pour regarder ton cou. » Et un peu gêné, mais avec la délicatesse de l'ami, il me dit : « Je n'ai pas une très bonne nouvelle à t'annoncer. L'échographie montre une tumeur au niveau de la thyroïde. C'est probablement un adénome parathyroïdien, qui peut entraîner une carence de calcium au niveau des os. Il est peu probable que ce soit une tumeur maligne, mais tu ne le sauras qu'après opération sous anesthésie générale et en la retirant. C'est une opération un peu délicate car elle se situe entre la thyroïde et les nerfs des cordes vocales, pas loin du larynx, de la trachée et des artères de la carotide. » Se sont ensuivies une série d'analyses diverses, jusqu'au jour de l'opération.

Je ne voulais pas inquiéter mes proches. J'avais juste mis Marianne dans la confidence et prévenu mes enfants et mes parents la veille de l'opération.

Je me souviens parfaitement de deux moments très précis. Juste avant l'anesthésie générale, sur le lit qui me conduisait au bloc, j'ai vécu un abandon total de ma vie, avec une immense gratitude pour ce qu'elle avait été jusqu'à présent et un désir ardent de poursuivre l'aventure. Et le moment qui reste très marquant pour moi est celui du réveil quand une infirmière m'a secoué en me disant : « Voilà, tout s'est bien passé, vous pouvez vous réveiller. » Quatre heures avaient dû s'écouler, mais il me semblait avoir été plongé dans l'éternité. J'ai alors ressenti une joie incroyable, inexplicable tellement elle venait du plus profond de mon être. Cette joie, c'était d'être vivant, d'ouvrir la bouche et de me rendre compte que je parlais, je respirais, je voyais. C'est comme si ma vie, que j'avais abandonnée entre les mains des chirurgiens, m'était redonnée, offerte à nouveau, telle une nouvelle possibilité. Il m'a semblé alors que s'ouvrait un nouvel horizon, que je ne pouvais pas cerner totalement, mais qui avait goût d'audace, de liberté, d'aventure, de jeunesse, de plus grand don de moi-même. J'ai reçu là comme une promesse : « La vie qui commence pour toi maintenant est pur cadeau. Tu étais prêt à ce que tout s'arrête et voilà que tout t'est redonné. Goûte ta vie intensément. Laisse entrer plus encore l'Amour en toi. Pour toi, pour les autres et pour le monde. Laisse-toi ressentir l'amour de ton épouse, de tes enfants, de tes amis. Vis encore plus ton travail chez Armor comme un élan de création avec d'autres. Incarne ton rêve que l'entreprise puisse être un levier de bonheur pour ceux qui la fréquentent : salariés, clients, investisseurs, partenaires. »

Les premiers jours m'ont ramené à la réalité, avec de mauvaises nuits, tant j'étais percé de sondes de tous côtés. Et puis la douleur de l'opération était tout de même bien présente.

Mais au-delà de cette période éprouvante du rétablissement, je gardais présente la promesse perçue au réveil. Oui, j'entrais bien dans « autre chose », mais de quelle nature était cette promesse de nouveauté ? Et comment cela allait-il se manifester ?

FRÈRES

Peu de temps après cette opération, je m'envole vers les Philippines à l'occasion du congrès mondial de Fondacio qui convoque ses responsables du monde entier tous les cinq ans.

Fondacio[1] est une association internationale chrétienne qui rassemble des personnes, animées par leur foi ou par une quête de sens, qui veulent construire un monde plus humain,

1. Site internet de Fondacio : www.fondacio.org (international) et www.fondacio.fr (France).

plus écologique et plus juste. Des sessions et formations sont proposées pour les jeunes, les couples et les familles, les personnes en situation d'exclusion et de pauvreté, les responsables et acteurs dans la société, et parmi eux, les jeunes professionnels et les dirigeants d'entreprise. Marianne et moi y sommes actifs depuis de nombreuses années. Nos enfants ont aussi bénéficié de cette dynamique positive qui les a aidés à orienter leur vie et construire de belles amitiés. À titre personnel, cette association m'a accompagné dans plusieurs moments importants de ma vie. J'aurai l'occasion d'en reparler.

Je m'étais engagé à participer à ce congrès, mais j'arrivais fatigué par l'opération chirurgicale et l'intensité des semaines précédentes. J'avais beaucoup de chantiers à suivre pour Armor. En toute honnêteté, j'arrivais aux Philippines en traînant les pieds.

JEAN, FRÈRE D'AFRIQUE

J'avais déjà participé à plusieurs de ces congrès qui réunissent 150 représentants de différents continents, dont une quarantaine d'Africains. J'ai vécu en Europe, en Amérique latine et en Asie, mais jamais en Afrique. J'avais souvent échangé avec des Africains en groupe, mais eu peu l'occasion jusqu'à présent de rencontres personnelles avec tel ou tel d'entre eux. L'Afrique m'était, d'une certaine manière, inconnue.

Le deuxième jour du congrès, à l'occasion de la remise aux participants d'un cartable permettant de recharger un téléphone portable par l'énergie solaire, François Prouteau, président de Fondacio, me propose de présenter devant l'assemblée l'innovation des films photovoltaïques souples initiée par Armor.

Je sentais bien que l'enjeu n'était pas de faire une présentation technique sur l'empreinte bas-carbone de ces films photovoltaïques organiques, c'est-à-dire sans métaux rares, mais plutôt d'expliquer ma motivation à engager l'entreprise dans cette démarche.

J'expose donc comment est né ce projet innovant d'énergie solaire. Pour ma part, c'est en 2008, en visualisant le film *Une vérité qui dérange*[1], du vice-président américain Al Gore, que j'ai pris conscience de la gravité du réchauffement de la planète et de ses conséquences possibles pour les habitants.

L'engagement de mon entreprise dans cet enjeu de lutte contre le réchauffement climatique s'est alors imposé à moi comme une évidence. À quoi servirait de développer une entreprise performante si, en parallèle, notre bien à tous, la Terre qui nous est confiée, court à sa perte ? L'objectif de l'entreprise est-il de maximiser son profit ou celui-ci n'est-il qu'un moyen nécessaire pour améliorer la vie des personnes et prendre soin du bien commun ?

Et que signifierait ma foi si celle-ci ne trouvait pas une application dans ma manière d'agir dans le monde comme dirigeant d'entreprise ?

Je témoigne alors de l'importance que revêt pour moi de vivre dans ce projet solaire ma passion pour l'entreprise, mon goût pour l'innovation technologique, ma préoccupation pour l'avenir de la planète en unité avec ma foi et

1. Le film documentaire sur le réchauffement climatique, *Une Vérité qui dérange (An Inconvenient Truth)*, présenté en 2006 par Al Gore, ancien vice-président de Bill Clinton et prix Nobel de la paix en 2007, était un signal d'alarme malheureusement toujours d'actualité.

l'amour du monde… J'avoue même que je rêve de participer un jour à la transformation du désert du Sahara en champs verdoyants en le couvrant de ce film léger, translucide et enroulable, produit par Armor, capable de transformer l'humidité de l'air en eau. Cette cohérence dans l'action me donne beaucoup d'énergie, de force et de satisfaction.

Quand j'étais plus jeune, je me suis souvent demandé quel était mon appel ou ma vocation, notamment si j'étais suffisamment utile au monde. Or, je recevais là dans ce témoignage devant les participants de ce congrès de Tagaytay aux Philippines une réponse qui donnait du sens à mon travail et même à ma vie. Être pleinement moi-même en vivant ma passion pour l'entreprise, mon goût pour le management, mon amour du monde, au service des enjeux de société et du bien commun, tel que le défi climatique.

Recevoir la cohérence de mon engagement d'entrepreneur en relation avec la finalité de ma vie était le premier cadeau. Mais un autre, plus grand encore, m'a été donné dans la foulée.

À peine ai-je terminé mon témoignage qu'accourent vers moi plusieurs membres du groupe d'Africains présents au congrès. Ils me disent : « Hubert, tu sais, ce que tu viens de présenter, c'est ce que nous attendons depuis longtemps pour nous en Afrique. » Je parle avec eux longuement. De manière étonnante, alors que je les considérais jusqu'à présent comme « le groupe des Africains », j'ai commencé à voir leurs visages, à écouter de quels pays ils venaient, à découvrir leur nom. C'était Amah et Ferdinand du Togo, Pacôme de Côte d'Ivoire, Jérôme et Eusèbe du Bénin. Leur vie, leurs besoins et leurs questions commençaient à entrer en moi. Je m'intéressais à eux. Et en me reflétant l'importance du film solaire pour eux, ils me révélaient à ma propre histoire.

Alors que j'avais déjà parlé avec nombre d'entre eux, en remontant l'allée menant au réfectoire pour le dîner, mon regard s'arrête sur l'un des jeunes membres de la délégation africaine qui m'attendait. Je voyais qu'il n'osait pas trop m'approcher ni me regarder dans les yeux, pris de timidité. Son regard m'a touché. Je suis allé vers lui et nous avons commencé à échanger.

« Je m'appelle Jean, j'ai 22 ans, me dit-il. Je vous ai écouté et je voulais vous dire que j'aimerais tant que vos films puissent être installés dans mon village. Mon village est une cité lacustre appelée Sô-Zounko située sur les rives du lac Nokoué dans le sud du Bénin. Nous n'avons pas d'électricité. Le soir il fait nuit à 18 heures. Je suis assistant enseignant à l'école du village. Les élèves n'ont pas de lumière pour rentrer chez eux et étudier. Moi-même, j'ai dû étudier à la lampe à pétrole, m'abîmant les poumons avec les fumées toxiques. J'aimerais vraiment trouver une solution pour les enfants. »

Après cela nous rejoint l'un de mes amis, Nicolas, intrapreneur responsable du business à impact social chez Leroy Merlin. Nicolas connaît Jean car il a visité son village 10 ans auparavant. Il y avait réalisé un reportage photo. Nous nous asseyons et Nicolas montre à Jean les clichés des habitants de Sô-Zounko de l'époque. Et voilà Jean qui, photo après photo, explique : « Je connais cette personne. Elle est morte depuis. Et celle-là aussi. » Pourtant, les personnes identifiées étaient jeunes. Une douzaine de celles présentes sur les images, soit plus d'une sur trois, étaient décédées de maladie. Jean avait neuf ans quand son père est mort en quelques jours d'un mal inconnu.

Quand Jean parle de son village, une émotion monte en moi. J'ai du mal à cacher mes larmes. Je suis touché car au-delà de ces informations, ce que je reçois, c'est l'amour qu'il éprouve pour les habitants de son village. Il transmet de l'amour. L'amour pour son peuple. J'y vois un berger qui a le souci des siens, qui en prend soin, qui est prêt à donner sa vie pour eux. Je vois la pureté et la grandeur de son âme. Jean éveille le meilleur en moi. Il me fait grandir.

Ce jour-là, j'ai été bouleversé par notre rencontre. Jean n'était plus un « Africain » et je n'étais plus un « Français » : Jean est devenu un frère. Sa vie, son avenir et celui de son village sont devenus miens. Nous sommes liés désormais. Je suis engagé avec lui. Je ne sais pas encore comment, mais nous agirons ensemble pour apporter la lumière aux habitants du village de Sô-Zounko.

LOUIS, RÉVEILLEUR DE MON IDÉAL

Le congrès de Fondacio se poursuit par la visite de la fondation Gawad Kalinga (GK), une ONG qui cherche par ses actions à restaurer la dignité des pauvres. *Gawad Kalinga* signifie « prendre soin » en tagalog. L'organisation vise à éradiquer la pauvreté pour 5 millions de familles aux Philippines d'ici à 2024, notamment par la construction de communautés villageoises solidaires et l'entrepreneuriat social.

GK Enchanted Farm[1], où nous nous sommes rendus, promeut l'innovation sociale en formant des jeunes issus du « bas de la pyramide » à l'entrepreneuriat social. La Ferme

1. La Ferme enchantée.

enchantée est une plateforme d'incubation apportant un soutien en matière de marketing, d'approvisionnement, de distribution, de financement aux entrepreneurs qui veulent monter leur activité.

De nombreux jeunes étudiants du monde entier viennent en stage pour partager durant quelques mois la vie des familles pauvres et apporter leurs compétences en soutien des entreprises créées localement.

J'étais curieux de découvrir ce lieu dont j'avais plusieurs fois entendu parler. Je me souvenais aussi du témoignage du fondateur de GK, Tony Meloto, et de Louis Faure, un jeune étudiant d'HEC Paris[1], lors d'une rencontre organisée par la banque privée de LCL à Paris en 2015, à laquelle Marianne et moi avions participé. J'avais été marqué à l'époque par le témoignage de Louis qui s'était présenté en disant : « Vous me croyez étudiant HEC, mais en fait, je suis un fermier qui élève des poulets… » Il avait lancé avec Vincent Tatel, un jeune Philippin diplômé de SEED, l'école de GK, l'entreprise sociale Freebirds, un élevage de poulets de souches croisées philippines et françaises destiné à fournir des œufs et de la viande de bonne qualité sur les marchés de Manille. En venant à GK, je me disais qu'il serait intéressant de le revoir, mais ne savais pas s'il serait là.

Et voilà qu'en arrivant sur place à Angat, Bulacan, c'est Louis qui accueille le groupe de Fondacio et nous fait visiter la Ferme.

Assez vite, je suis remué par son témoignage. En particulier quand Louis parle de « ses frères » philippins et dit

1. Hautes études commerciales : école d'enseignement supérieur en gestion et commerce, régulièrement classée comme l'une des meilleures dans sa catégorie en France comme à l'étranger.

« nous » en parlant des Philippines. Il partage simplement que son chemin a été d'apprendre à les connaître et à les aimer. Je ressens son amour et son engagement pour eux.

Je suis pas mal chamboulé par ce que je découvre et entends.

Je le vois encore, libre, habillé simplement avec un tee-shirt, des tongs aux pieds, se promenant avec un chapeau de type mexicain pour se protéger du soleil. Il explique qu'il est venu au départ pour un stage de six mois dans le cadre de ses études d'HEC et est resté là depuis quatre ans pour travailler à la Ferme. Il vit avec le juste nécessaire, loge dans un dortoir avec d'autres Philippins, doit égorger ses poulets, les vendre, tout en accompagnant la formation des stagiaires. Je découvre un jeune homme de 25 ans engagé avec radicalité, désintéressé de lui-même et au service des autres.

De manière surprenante, presque à mon insu, l'engagement de Louis résonne en moi et vient raviver ma propre histoire au Chili, qui m'a conduit à faire différents choix, jusqu'à la prise de la direction d'Armor aujourd'hui.

En Louis, je revois le Hubert de 25 ans qui sillonnait les quartiers défavorisés de Santiago du Chili avec ses jeans troués et des chemises délavées et qui, comme coopérant de la Délégation catholique pour la coopération (DCC), avait un petit salaire et vivait libre, en rien préoccupé par l'argent. Je me revois visitant les jeunes de la prison des mineurs de Santiago ou passant les week-ends dans la Communauté Santa Ana[1] avec « mes frères » ex-drogués qui m'ont aimé tel que j'étais. Je n'hésitais pas à aller les rechercher jusque dans des lieux dangereux quand ils fuguaient. Je me revois avec un nœud au ventre, cette boule qui unit dans un même

1. Centre de réhabilitation de jeunes voulant se sortir de la drogue.

feu l'amour et la souffrance, lorsque j'ai découvert l'un de mes « frères » inconscient, tabassé dans la rue par un gang. J'éprouvais alors la douleur de me sentir impuissant, alors que nous nous considérions comme étant de la même famille. Je partageais leur vie, mangeais avec eux, dormais avec dix autres dans le dortoir de la maison de bois qui laissait passer l'air froid et humide, jouais au foot avec eux, prenais ma douche froide avec eux, partageais mes secrets de vie avec eux, pleurais et riais avec eux. Je me revois aussi dans ma famille adoptive des *poblaciones*[1] vivant dans des conditions simples. Je me lavais avec des seaux d'eau glacée le matin. Et le soir, je voyais les puces sauter sur mon lit dans le clair de lune qui traversait la fenêtre. J'ai vécu tout cela et n'en tire nulle gloire. C'était ma vie et je la voulais ainsi.

Nous déjeunons, Marianne et moi, avec Louis. Notre échange me bouscule. Aurais-je perdu cette radicalité ? Non, bien au contraire. Mais le témoignage de Louis vient me dire : « Hubert, ton idéal est toujours en toi. Tu le vis différemment aujourd'hui comme dirigeant. Cet amour de tes frères, ne peux-tu pas l'exercer dans ta vie actuelle, au cœur de ton entreprise ? Tu n'es pas obligé de vivre au milieu des déshérités pour apprendre à connaître l'autre et à l'aimer. C'est là où tu es que tu es invité à le vivre. Aujourd'hui encore, à 54 ans, avec ton expérience, tes relations, tes responsabilités, tu peux chercher à suivre Dieu et te donner aux autres par ton action. »

Au-delà des différences de nos histoires, de nos âges et de nos expériences, il me semble que nous portons en nous un idéal similaire. Nous aspirons à incarner une manière d'exercer des responsabilités au service des autres.

---

1. Quartiers défavorisés de Santiago.

Dans le restaurant de GK, Louis nous raconte les étapes qui l'ont conduit à faire son stage d'HEC en entreprise aux Philippines, puis à choisir d'y rester quatre années auprès des fermiers pauvres et des étudiants stagiaires qui, comme lui, viennent du monde entier partager l'expérience de la Ferme enchantée. Certains ne savent pas trop ce qu'ils cherchent, mais y trouvent un sens pour leur vie. Le rôle de Louis est justement de les accompagner dans leur démarche, leurs questions, leur quête. Il évoque également, sa passion pour les récits de Saint-Exupéry et notamment *Citadelle*. Cela éveille ma curiosité car il se trouve que c'est l'un des seuls livres que j'ai lus en notant les phrases qui m'ont interpellé.

Une vieille femme philippine, l'une de ces *titas* du village, vient le saluer et l'embrasse avec affection. Je vois là combien il a su s'insérer dans la population locale et tisser des liens de confiance au cours de ces années.

Alors dans cet espace que permet notre récente amitié, sachant que *Citadelle* est un point de rencontre entre nous, je me risque à livrer cette citation d'Antoine de Saint-Exupéry comme une invitation à partager les étapes de ma vie et ce qui m'anime aujourd'hui : « Je te demande de vivre non de ce que tu reçois, mais de ce que tu donnes car cela seul t'augmente… Quand tu donnes, tu reçois plus que tu ne donnes. Car tu n'étais rien et tu deviens… Plus tu donnes, plus il te reste. »

CHAPITRE 2
DÉFLAGRATIONS

DIEU M'A RENCONTRÉ SUR MON CHEMIN...

Nous voilà donc assis sous un manguier des Philippines, Louis et moi. Je raconte mon enfance et mon adolescence, celle d'une famille heureuse qui m'a tant donné. Comme chacun, ici sur Terre, je n'ai pas choisi ma famille, mais je reconnais que j'ai beaucoup reçu : des parents qui m'aiment, une bonne santé, une réussite dans les études, des amis. Je suis le type même d'un jeune d'une famille privilégiée, pris dans beaucoup de schémas de réussite.

À 18 ans, je venais de réussir mon baccalauréat et d'être admis en prépa maths sup[1]. Je ne savais pas trop ce que je voulais faire plus tard, mais j'étais taraudé par la pression de faire ce qu'il y avait de mieux, de toujours viser plus haut. Réussir était mon moteur. Je voulais honorer ma famille, dans la lignée de mes aïeuls. Je voulais que mes parents soient fiers de moi. Sans doute aussi pensais-je que réussir à leurs yeux me permettait de mériter leur amour. Je devais donc me battre pour être « au top niveau ». C'est ainsi que même si mon goût naturel me portait vers des études diversifiées incluant des sciences économiques, sociales et politiques, j'ai été poussé à faire maths sup. J'aimais certes les mathématiques, mais aussi naturellement le français, la philo, les langues, l'histoire. Pourtant, je m'étais persuadé

---

1. Classe préparatoire des grandes écoles d'ingénieurs.

qu'il fallait que je renonce à tout cela pour viser la carrière la plus brillante. Mes professeurs m'avaient dit : « Hubert, tu es capable d'aller en maths sup, alors vas-y car c'est ainsi que tu auras les responsabilités les plus grandes plus tard », donc j'ai suivi leur conseil sans trop réfléchir. Je serais donc ingénieur de grande école, puis après un service militaire comme officier, je compléterais mon cursus par une *business school* américaine. Ma voie était toute tracée.

Extérieurement, je présentais toutes les caractéristiques d'un jeune qui réussit et qui a tout pour être heureux. Pourtant, à l'intérieur, une angoisse m'oppressait. J'avais l'impression d'être sur un tapis roulant qui avançait tout seul. Je m'étais placé dessus par conformisme, mais sans que jamais je ne choisisse vraiment d'y rester ni ne me pose la question de le quitter. Je présentais une belle façade, celle d'un Hubert solide, sûr de lui, brillant, fier de réussir. Mais à l'intérieur de moi, je ressentais un grand vide. Je doutais de moi, que ce soit pour mes études, ma vie affective, le sens que je voulais donner à mon existence. Je me sentais un numéro dans le rouage bien huilé d'un système tourné vers la réussite sociale. J'étais perçu comme un garçon « bien comme il faut », à l'avenir prometteur au sein d'une armée de gens doués. Mais qui étais-je vraiment ? Qui était Hubert ? Je ne le savais pas. Dans mes relations, je me sentais quelque part au-dessus des autres et je craignais que les autres découvrent mes fragilités. Cela générait souvent une distance avec mes semblables. J'étais plus à l'aise avec des adultes qui me valorisaient pour mes études et ma maturité. Je ne savais pas comment vivre mon désir d'aimer.

J'allais régulièrement à la messe avec mes parents, mais ce n'était pas un choix libre. Je m'inscrivais dans leur engagement pour ne pas les décevoir. Dieu était un concept qui m'écrasait. Je vivais dans la peur de mal agir, d'être condamné, puni. J'entendais dire que Dieu était Amour, mais je ne le ressentais pas. Pour moi, Dieu était plutôt synonyme de pression. Je pensais que pour mériter son amour, je devais viser la perfection et je n'y arrivais pas. La marche me paraissait trop haute, inaccessible. Je me sentais alors découragé, dépité, démoralisé, écrasé par mes chutes et mes faiblesses que je n'arrivais pas à éliminer. Un jour – je devais avoir douze ou treize ans –, alors que j'étais scout, l'aumônier de la troupe, quelque peu traditionaliste, nous avait demandé d'apprendre par cœur le *Credo* en latin. Nous devions le réciter, à genoux, devant nos parents, chacun à notre tour. Je ressentais une telle pression, une telle peur, que je me suis évanoui devant tout le monde. C'était cela l'image, pour moi, de la religion : quelque chose d'inhumain qui m'était imposé et qui m'empêchait d'être joyeux.

C'est dans ce contexte que j'abordais mes vacances de l'été 1982. Un ami d'école m'avait invité avec tout un groupe d'amis dans la maison de ses parents, avec piscine, dans le sud de la France. Ses parents n'étaient pas là, la maison était libre rien que pour nous. Nous prévoyions de faire la fête. Bref, le bonheur.

Et puis, catastrophe, changement de programme, la maison n'est finalement plus libre, le séjour est annulé. Je partage ma déception à ma mère qui revient juste d'une retraite dans une communauté issue des Foyers de Charité, à La Roche-d'Or, près de Besançon. Cette retraite l'a marquée. Après m'avoir écouté, ma mère me dit : « Hubert, ne serait-ce pas l'occasion que tu ailles faire une retraite là-bas, toi aussi ? » Je l'envoie promener en lui disant : « Une retraite ?

Pas question, tu me voies réciter le chapelet le matin ? » Et elle de commenter : « Ce n'est pas comme tu imagines, cela peut être une chance pour ta vie. Tu es libre bien sûr, mais sache que le plus beau cadeau de mère que je puisse te faire est de proposer cette expérience. » Je me suis alors arrêté et me suis dit : « Si ma mère me parle du plus beau cadeau pour ma vie, sans doute faut-il que j'y réfléchisse. » N'ayant pas de « plan B » pour remplacer cette semaine de *farniente* annulée, je me résous finalement à m'inscrire à la retraite. Puis, je pars en stage aux États-Unis.

Début septembre, à mon retour, j'arrive sur le lieu de la retraite. Quelle est ma surprise d'y retrouver les quatre amis avec lesquels je devais partir en vacances ! Mes parents avaient réussi à les convaincre de venir également ! J'étais bien content de les retrouver car je me demandais vraiment ce que je faisais là. Je m'en voulais d'avoir accepté si facilement de venir et en fait, j'avais peur. J'avais peur de me retrouver confronté à cette angoisse qui sommeillait au fond de moi et qu'à tout prix, je voulais fuir.

Lors de la première conférence, je m'étais mis dans un coin pour être sûr de ne pas être vu. Et puis voilà que le prêtre qui prêchait la retraite, le père Florin Callerand[1], commence son enseignement de manière surprenante. Il se met à expliquer que « Dieu n'est pas un concept, mais une personne », que « Dieu parle, qu'il a des choses à nous dire, comme on dit un secret au creux de l'oreille d'une personne que l'on aime, mais que souvent, nous parlons tellement

1. Florin Callerand a fondé en 1950 la communauté de La Roche-d'Or à Besançon, selon l'esprit des Foyers de Charité de Marthe Robin. Prédicateur visionnaire, il aimait dire : « Continuez ! continuez ! Tout est en avant ! » Ses retraites ont été transcrites dans de nombreux livres. Sa pensée était inspirée par des théologiens comme le père Maurice Zundel. Il est décédé en 1998.

que nous ne pouvons pas l'entendre. » Et après, le voici qui continue en disant : « S'il vous parle dans le silence de votre cœur, écoutez-le. Et s'il vous dit qu'il vous aime, laissez-vous aimer par lui. » Je me dis alors : « Ce prêtre est fou. » C'était la première fois que j'entendais dire que Dieu parlait. L'image de Dieu pour moi, c'était un vieil homme barbu sur son nuage qui m'observait pour voir si j'agissais bien ou mal.

Quelque peu troublé par cette première découverte, je suis interpellé lors du dîner par le regard lumineux d'un autre jeune de mon âge. Nous ne parlions pas car les repas se prenaient en silence, mais je le voyais prendre son bol de soupe avec attention, s'émerveillant de ce repas simple, joyeux, alors que pour moi c'était juste de la « soupe ». Troublé par la différence de comportement entre son attitude et la mienne, je suis allé lui parler à la fin du repas en lui disant : « Tu vas trouver bizarre que je te dise que ton regard m'a remué, mais je vois quelque chose en toi de différent ; il faut que tu m'expliques. » Et Laurent P. m'a raconté comment à 18 ans, en révolte contre ses parents, son milieu social parisien et son école, il est parti un jour avec son sac à dos depuis Paris vers l'Italie. Au bout de quelques semaines de marche, sur la route d'Assise, il a soudain été saisi par une présence d'amour et de lumière qui l'a comme terrassé. Je l'entends encore dire cette phrase : « Et Dieu m'a rencontré sur mon chemin ! » Cette phrase a eu l'effet d'une bombe en moi, comme une déflagration. Avec le recul, je comprends que c'est tout mon « faux » rapport à Dieu qui s'effondrait d'un coup. Il m'est apparu soudain que j'avais construit ma vie dans une démarche d'effort constant pour être aimé. Toute mon existence, j'avais cherché à être aimé de mes parents, de mes professeurs. C'est pour cela que je voulais réussir, que je voulais viser ce qu'il y avait de mieux car je voulais qu'ils soient fiers de moi, que je leur fasse plaisir et que du coup je me sente digne de leur amour. Et avec Dieu, c'était exactement la même chose. Je ne pouvais pas croire qu'il m'aimait car je ne me sentais pas digne de lui en raison de mes imperfections, de mes faiblesses, de mes manques d'amour ou de mon égoïsme. Je croyais qu'il fallait d'abord que je sois parfait pour prétendre pouvoir le rencontrer. Et quand Laurent m'a dit simplement : « Et Dieu m'a rencontré sur mon chemin », c'est comme si d'un coup je comprenais que ce n'est pas moi qui pouvais aller vers lui, mais lui, Dieu, qui voulait venir vers moi, tel que j'étais avec ma misère, mon angoisse, mes doutes. Je commençais à être sérieusement ébranlé dans mes certitudes, mais ce n'était que le début.

Le lendemain, ce 5 septembre 1982, est un jour que je n'oublierai jamais. C'est pour moi le jour de ma renaissance. C'est pourquoi je ne peux pas en dire plus sur ce qui a conduit ma vie sans évoquer ce moment.

Nous étions dans la salle de conférences. Le père Callerand reprend son explication de la veille : « Dieu parle. » J'ai soudain réalisé, alors que je n'y croyais pas, qu'il m'avait effectivement parlé la veille par la rencontre de Laurent. Puis le prêtre évoque la vie de Charles de Foucauld, jeune homme de bonne famille, qui a mené une vie dissolue, et qui un jour, devant son manque de foi, ressentant une angoisse sans doute proche de la mienne, a décidé de lancer un défi à Dieu en lui disant : « Mon Dieu, si tu existes, fais que je te connaisse, manifeste-toi à moi ! »

J'ai alors ressenti une invitation claire à faire mien ce défi. Après la conférence, je suis parti marcher seul et ai gravi la montagne proche jusqu'à son sommet. C'était la fin de l'après-midi vers 18 heures. Depuis le fond de mon être, j'ai jeté alors l'intégralité de mon angoisse vers celui dont on me disait qu'il était Dieu, en criant plusieurs fois de toutes mes forces : « Mon Dieu, si tu existes, manifeste-toi à moi ! » Mon cri était une lutte, un combat entre lui et moi, mais surtout, au fond, un appel à l'aide, une supplication.

À peine avais-je sorti mon cri que je me suis mis à trembler de tout mon corps, comme envahi d'une présence d'amour qui m'a saisi tout entier. Je ne savais pas ce que c'était. J'étais conscient, mais je n'avais pas envie de parler ni de bouger, tellement cette présence était forte. Je suis resté là, pendant plus d'une heure, peut-être deux, dans cette présence que je ne connaissais pas. Je pleurais, mais c'était de soulagement et de joie. J'étais libéré d'un poids énorme, comme si une voix me disait : « Hubert, tu n'as plus besoin de chercher à être parfait. Accepte-toi comme tu es car moi, je t'aime comme tu es. Tu es mon fils bien-aimé et je t'aime. » D'un seul coup, je comprenais de l'intérieur ce qu'avait vécu Laurent, cette expérience d'être rejoint gratuitement par un amour plus grand que lui. Quelque part, j'étais apeuré, pas d'une peur de terreur, mais d'une crainte de ne plus savoir ce qu'allait être ma vie car je ne contrôlais plus rien. Je disais : « J'ai peur » et j'entendais comme par écho : « N'ai pas peur, tu n'es plus seul, je suis avec toi », puis : « Fais confiance, je te guiderai vers ta vie. » J'étais invité à lâcher prise. Temps merveilleux de consolation. Une lumière débordante m'envahissait tout entier sans que je comprenne vraiment ce qui m'arrivait, tellement tout cela était nouveau.

Après un long moment, la nuit tombée, j'ai rejoint mes amis dans la chambrée. J'ai ouvert la porte. Ils étaient dans leur lit, la lumière allumée et discutaient entre eux. L'un d'eux m'a dit : « Hubert, qu'est-ce qui t'est arrivé ? – Que voulez-vous dire ? », leur ai-je répondu. Et eux de reprendre : « Mais tu n'as plus la même tête. Tu as changé. » C'est à ce moment-là que j'ai réalisé que oui, je venais de vivre une deuxième déflagration. Je n'étais effectivement plus le même. J'avais changé, pas par moi-même, mais par cette rencontre fondamentale au cœur de mon être, qui en fait changeait tout. Une lumière était entrée en moi. Désormais je savais que j'étais aimé. J'en avais fait l'expérience. Et cet amour me redonnait ma liberté de créer ma vie.

DE MILTON FRIEDMAN AUX PAUVRES DU BRONX

Tout en goûtant une mangue fraîche, je prends du recul au long de cette conversation entamée dans la tiédeur d'une soirée philippine. Je comprends que cette expérience de rencontre de Dieu peut être surprenante. Vous pourriez légitimement vous dire : « Est-ce qu'il n'en rajoute pas beaucoup ? Et qu'est-ce que cela a changé concrètement ? »

En fait, ce n'est qu'après que j'ai compris que c'était l'amour de Dieu qui avait rencontré mon désir. Sur le moment, j'étais saisi. J'ai vécu le moment sans comprendre ce qui m'arrivait. Et oui, cela a changé beaucoup de choses !

Cette expérience de l'amour de Dieu au cœur de mon être a de fait eu un impact immédiat, qui n'a cessé de se poursuivre tout au long de ma vie.

Le premier impact a concerné mon choix d'études. J'avais décidé de suivre une classe préparatoire aux grandes écoles scientifiques par volonté d'accomplir « ce qu'il y a de mieux ». J'y étais allé sans me poser de questions. Je n'y étais pas malheureux, mais quand je voyais les amis de mon école précédente me parler de leur journée équilibrée entre des cours de maths, mais aussi de philosophie, d'histoire et d'économie, quelque chose de l'ordre d'une envie étouffée se réveillait en moi. J'ai alors perçu qu'un choix s'imposait à moi. Il me fallait choisir entre vouloir faire ce qu'il y a de mieux, mais renoncer à l'élan naturel de mon être, et accepter l'élan naturel de mon être en étant prêt à renoncer à ce qu'il y a de mieux. Et soudainement, m'appuyant sur cette expérience vécue dix jours plus tôt, j'ai eu le courage de faire le choix que je ne parvenais pas à faire auparavant. J'ai décidé de choisir « ma » vie. C'est, je crois, la première expérience d'un choix adulte, libre, conscient. Je suis allé voir le père Gillibert s.j., alors directeur des études, et l'ai informé de ma décision de changer d'orientation. Je n'ai prévenu mes parents qu'ensuite car ce souhait était le mien et s'était imposé comme une évidence pour moi. Je ne l'ai jamais regretté.

Dans l'enthousiasme de ce choix, et avec un peu de travail, j'ai réussi le concours d'HEC Paris qui m'a ouvert la perspective d'études passionnantes. Dans ma tête, c'était la voie royale pour intégrer une grande entreprise française. Assez vite cependant, j'ai vécu ce que beaucoup de jeunes éprouvent après la période des concours. En prépa, on se bat pour réussir, on renonce à beaucoup de choses pour intégrer une grande école ou une université. Une fois la réussite acquise, voilà que l'on se retrouve comme sur un tapis roulant menant à un job confortable, bien payé, mais cela ne résout pas les questions fondamentales de la vie, loin de là. C'est ce que j'ai éprouvé. La question du « pourquoi et du pour quoi » du sens de mon existence a refait surface avec force. Une première réponse a été de vouloir découvrir le monde en dehors de cette France que j'aime profondément, et c'est ainsi que j'ai postulé pour le « Programme international de management » de l'école, qui m'a conduit vers New York.

New York en septembre 1985, ce sont les États-Unis très libéraux de Ronald Reagan. C'est aussi une ville sale, dans laquelle la pauvreté est omniprésente dans la rue et le métro. Enfin, c'est la période de la découverte du Sida avec le rejet et le combat des personnes homosexuelles et toutes les peurs qui sont associées à cette maladie encore mal connue.

J'arrive à New York après un stage de deux mois dans une société familiale pétrolière de Louisiane qui m'a familiarisé avec l'Amérique profonde. Par un concours de circonstances incroyable, j'ai la chance d'être logé au cœur de Manhattan dans une maison de quatre étages appartenant à une famille aisée. Le *deal* est simple : je promène les trois chiens de la maîtresse de maison matin et soir – ce qui est considéré comme un véritable travail dans cette ville où une crotte laissée sur le trottoir engendre une contravention de 300 dollars –, et en échange je suis logé et nourri. Je suis donc dans les meilleures conditions pour suivre mes cours près de Wall Street, à New York University.

Me voilà donc en cours de « finance internationale », fier d'être là et conscient de ma chance. Les professeurs nous enseignent la théorie de l'économie de marché de Milton Friedman. La première page du livre de finance qui nous est donné à étudier résume d'ailleurs assez bien sa pensée sur l'objectif de l'entreprise : « L'objectif de l'entreprise est la maximisation du profit pour ses actionnaires. » J'écoute, mais petit à petit mon esprit est perturbé par ce que je vis par ailleurs. En effet, le matin, après mon petit-déjeuner dans l'environnement aisé de la 62e rue de l'est de Manhattan, en partant pour l'université, il m'arrive souvent de passer devant des personnes pauvres qui ont passé la nuit allongées sur le trottoir. Et paradoxalement, au même moment, je croise des jeunes de familles riches du quartier revenir totalement éméchés ou drogués de boîtes de nuit. J'écoute donc les cours, mais au-dedans de moi, c'est une tempête qui me hante : « Quelle est la raison d'être de mes études de finance internationale ? »

En repartant dans la rue, en voyant ces personnes sans ressources mendier et dormant dehors, et en confrontant cela à l'objectif de mes études : « maximiser le profit des actionnaires », je me dis que quelque chose cloche. Les questions petit à petit se transforment en angoisse : « Ne suis-je pas en train de passer à côté de ma vie ? Vais-je devenir un instrument, voire un soldat de plus d'une économie dont le but n'est autre que l'argent ? Est-ce à cela que je veux consacrer mon existence ? » Cette angoisse est devenue de plus en plus prégnante au point que je n'arrive plus à dormir sereinement. J'enviais les médecins en me disant : « Eux, au moins, ont de la chance car ils peuvent mettre leurs compétences au service des pauvres et des malades, et cela peut donner un sens à leur vie. Mais pour moi qui ai fait des études de gestion, c'est impossible. Je suis condamné à vouloir gagner de l'argent pour de l'argent ! » Il fallait que je fasse quelque chose, que je me prenne en main pour ne pas être anéanti par ce tiraillement intérieur. Je me suis alors souvenu qu'un de mes amis, Benoît, m'avait donné l'adresse des Sœurs de la Charité – les religieuses qui agissent avec Mère Teresa de Calcutta – dans le Bronx à New York. J'avais pris l'adresse sans trop faire attention à l'époque, mais alors, je me suis senti poussé à les rencontrer, comme si j'allais là trouver peut-être la réponse à mon tiraillement intérieur.

Je les appelle. La réponse est cinglante : « *It's not possible, you cannot come*[1]. » Pourquoi ne puis-je pas venir leur rendre visite ? Déçu, mais convaincu que je ne peux pas en rester là, je rappelle une, deux, trois fois et à chaque fois la même réponse : « *Sorry, you cannot come because Mother will be there*[2]. » Je ne comprends pas ce que la religieuse veut me dire. J'insiste à nouveau et la quatrième fois, sans doute lassée par ma détermination, elle me dit : « *OK then, please come tomorrow morning for the 7AM mass*[3]. » Je raconte cela à la propriétaire de mon logement qui me dit : « Mais Hubert, tu es fou. Le quartier où tu veux aller est le plus dangereux de New York, avec deux assassinats par jour. Que vais-je dire à tes parents s'il t'arrive quelque chose ? » Peu m'importe en fait, tant je suis poussé à trouver une réponse à ma quête.

Le lendemain matin, je prends le métro vers le Bronx à 6 heures du matin. L'ambiance est peu chaleureuse. J'ai le cœur qui bat très fort, serré par la peur et en même temps par un sentiment étonnant de liberté. Au creux de ma peur, je reçois une force qui me dépasse, une envie folle de réaliser mon destin. Alors que ma vie n'avait plus de sens ces derniers jours, je ressens en cet instant la certitude que je suis en train d'ouvrir un passage crucial de mon existence.

À la sortie du métro, j'avance, déterminé, au travers des rues. J'ose à peine regarder à droite et à gauche. Ce que je vois ne me rassure pas trop. Ici et là, gisent des carcasses de voitures brûlées. Des immeubles sont vides, sales, avec des personnes qui y vivent et déambulent devant, réalisant quelques trafics louches.

---

1. « Désolé, vous ne pouvez pas venir. »
2. « Désolé, vous ne pouvez pas venir car la "Mère" sera là. »
3. « Bon d'accord, venez demain matin, s'il vous plaît, à la messe de 7 heures. »

Je marche de plus en plus vite. Je me dépêche, espérant que personne ne m'aborde. Puis j'arrive devant la maison des Sœurs de Mère Teresa. C'est une petite demeure sans prétention. Je sonne. Une jeune femme m'accueille. Elle est vêtue d'un sari indien blanc rayé de bleu qui est l'habit des Sœurs de la Charité. Elle m'invite à enlever mes chaussures et à me mettre pieds nus avant d'entrer dans la chapelle pour la messe qui va débuter bientôt. Je pénètre dans cette salle. Pas de chaises. Juste un tapis, un autel et une grande croix du Christ sur laquelle est écrit « *I thirst*[1] », qui correspond à l'une des dernières phrases exprimées par Jésus avant de mourir. Quand je vois cette phrase, je suis bouleversé. Mes yeux se remplissent de larmes. C'est comme si ce cri venait me rejoindre dans mon tiraillement intérieur, dans ma détresse. C'est moi qui arrive avec un creux d'angoisse à combler et une « soif » énorme de réponse. En lisant cette phrase écrite là, sur la croix du Christ, je me sens accueilli, compris dans ma propre soif. Si Jésus sur la croix avait soif, alors ce que je vis « en petit » n'est pas « anormal ». Je ne suis pas le seul à avoir soif en ce lieu. Et étrangement, je perçois que c'est lui, ce Christ qui a soif, qui vient apaiser la mienne en irriguant mon âme.

Et puis, alors que je demeure dans le trouble surprenant de mon arrivée dans cette chapelle, advient l'improbable que je n'ai pas imaginé. Quelques religieuses étaient à genoux par terre en prière. L'une d'entre elles, petite, courbée, un peu rabougrie, se lève, silencieuse, pour aller consciencieusement allumer les bougies qui sont sur l'autel en vue de la célébration. Je la regarde. Et puis elle se retourne. Et là, je me dis : « Mais non ! Mais oui ! C'est Mère Teresa de Calcutta ! »

1. « J'ai soif. »

D'un seul coup, tout s'éclaire en moi. « *Mother will be there*[1] *!* » : voilà pourquoi la religieuse ne voulait pas que je vienne. « Mother » est la manière dont les sœurs appellent leur « mère » et fondatrice au sens spirituel ! Je comprends alors pourquoi je suis le seul homme dans cette assemblée de religieuses.

Tout semble se retourner en moi : je me sentais fragilisé par mon tiraillement à New York, quelque peu abandonné par Dieu dans ma quête de sens, ne sachant plus où me diriger, et là, je me sens soudain privilégié d'être là et de pouvoir vivre ce moment très intime en présence de cette femme qui rayonne de sainteté.

À la fin de la messe, au moment où je sors dans le couloir, Mère Teresa vient me voir et me demande qui je suis et pourquoi je suis venu. Après m'avoir écouté, elle me montre sa main et me dit : « Tu vois, tous les matins, tu peux faire l'exercice suivant : tu regardes les cinq doigts de ta main et tu dis, doigt après doigt : *Jesus Christ died for me*[2], et tu lui réponds, doigt après doigt : *What to do for you*[3] *?* » C'est un appel clair à réorienter ma vie. Je pressens un bonheur plus grand à donner qu'à recevoir. Et si mes études pouvaient me permettre d'agir au service des autres ?

Une autre religieuse vient nous rejoindre et me propose de venir distribuer la soupe populaire, puis les accompagner à l'hôpital rencontrer des malades du Sida.

Je me surprends à répondre positivement à cette proposition, animé par un courage plus puissant que mes peurs. Je me suis laissé porter par l'appel de ce Christ en croix

1. « La Mère sera là ! »
2. « Jésus Christ est mort pour moi. »
3. « Que puis-je faire pour toi ? »

qui, en disant : « J'ai soif », me disait en fait : « J'ai soif de toi. » Et à travers lui, c'étaient les pauvres de New York et les jeunes mourants du Sida qui m'invitaient à me décentrer de moi-même et à quitter mon angoisse en me tournant vers eux. J'ai vécu durant les deux mois qui ont suivi une expérience étonnante. Plus je fréquentais ceux qui manquaient de tout, plus ma vie trouvait du sens à mes yeux, et plus j'étais heureux.

Tous les matins, je prenais le métro vers le Bronx pour la messe, puis je préparais la soupe populaire, la distribuais et terminais par des visites à l'hôpital. Parfois, je venais dormir la veille. Je découvrais que les religieuses et les volontaires dormaient par terre pour mieux partager la vie des pauvres qui dormaient dans la rue. Cette expérience a été tellement forte pour moi qu'à partir de ce moment-là, je me suis mis à dormir à même le sol à côté de mon lit dans ma chambre du quartier chic de New York. Quand je sentais le parquet dur et que je me réveillais la nuit, je me sentais proche de ceux que j'allais servir le matin et j'étais heureux. J'ai vécu cette expérience durant les trois mois qui ont suivi.

Mère Teresa avait décidé d'installer une maison dans le centre de Manhattan pour accueillir les malades du Sida. Le week-end, j'allais en repeindre les pièces. C'est là que j'ai vécu une rencontre marquante avec James, un jeune de mon âge en phase terminale du Sida. Il était sur son lit, extrêmement amaigri, sans cheveux, pouvant à peine parler. Je le revois encore me dire : « Merci de venir me rendre visite. Tu vois, je vais bientôt mourir. Je veux juste te dire ceci : la vie est belle, tu as de la chance de vivre, ne passe pas à côté de ta vie ! » Cette rencontre m'a bouleversé. Je croyais voir le même homme que celui qui était sur la croix et qui me disait : « J'ai soif. » James parle à chacun d'entre nous encore aujourd'hui.

Il est mort quelques jours plus tard.

Mes journées étaient donc rythmées. Je commençais mon service auprès des Sœurs de la Charité le matin. Ensuite, je revenais me changer à Manhattan, puis je partais suivre mes cours à New York University dans le quartier de Wall Street.

Dans cet élan, et par certains contacts dans le Bronx, j'ai vécu d'autres moments tellement incroyables que je dois parfois encore me pincer pour croire qu'ils sont véritablement arrivés.

J'ai fait ainsi la rencontre du père Christopher Hartley. Le père Christopher est anglais d'origine, né dans une famille aisée. Sa mère est une aristocrate espagnole. Inspiré par Mère Teresa, il s'est engagé auprès d'elle à Calcutta et a été ordonné prêtre en 1982 par le pape Jean-Paul II. J'ai rencontré Christopher quand il venait célébrer la messe chez les Sœurs de la Charité. J'étais impressionné par sa radicalité, sa foi, son amour des plus pauvres. Je le voyais un peu comme un grand frère qui m'entraînait vers plus de foi et plus d'amour des autres.

Parmi ses activités, il accompagnait la communauté catholique hispanique du Bronx, et en particulier les jeunes immigrés de République dominicaine, Haïti, Porto Rico. Un jour, Christopher me propose de l'aider à l'organisation d'un week-end du Renouveau charismatique catholique pour les jeunes, au cœur du quartier « chaud » du Bronx, là où le trafic de drogue, les viols et les assassinats sont fréquents. J'accepte.

Le premier choc pour moi a été de devoir fouiller les jeunes à l'entrée et de leur demander de déposer des barres de fer, des chaînes, des poignards et même un revolver pour l'un d'entre eux. Je ne parle pas de la drogue et de l'alcool trouvés dans les sacs.

La journée de « retraite » commence. Les jeunes présents sont caustiques, se moquent littéralement de tout ce qui est présenté. Ils se comportent en caïds, de manière hautaine, parfois avec violence. Je me dis en moi-même : « Pourquoi sont-ils venus ? La journée est complètement ratée, c'est l'échec total. » J'ai pitié pour les organisateurs. La peur d'un dérapage plus grave me tourmente.

Christopher me dit : « Ce soir nous allons proposer une veillée de prière en présence de Jésus. » Dans ce contexte de débandade totale où les caïds du groupe n'en font qu'à leur tête, je me demande vraiment ce que cette proposition peut signifier.

Le soir, la veillée commence. Un groupe de jeunes anime des chants avec des guitares, Christopher met son aube de prêtre et se tient derrière l'autel, tenant avec ses deux mains un présentoir contenant l'hostie consacrée dans l'eucharistie, qu'on appelle le « Saint-Sacrement ». Je l'entends dire : « Jésus est présent dans cette hostie, qui n'est autre que le pain devenu sa présence réelle lors de la messe au moment même où j'ai prononcé ses paroles : "Ceci est mon corps." Jésus lui-même est devant vous. Alors c'est le moment de lui dire tout ce que vous avez à lui dire. Si vous êtes fâchés contre lui, dites-le-lui. Si vous voulez crier vers lui, criez vers lui. Si vous voulez lui demander quelque chose, demandez-lui. Si vous voulez le rencontrer, invitez-le à venir dans votre cœur. » Je voyais le groupe de caïds rigoler, comme se disant en eux-mêmes : « Essaie toujours. Même pas peur ! » L'un de ces caïds s'appelait Edwin.

Après avoir parlé et entonné quelques chants, Christopher se tait, tenant simplement le Saint-Sacrement de ses deux mains. Au bout d'un moment, les rires cessent et un silence habite l'assemblée. Soudainement, un jeune s'écroule. Il bascule en arrière, mais est opportunément retenu par un autre, placé derrière lui, qui l'allonge sur le sol. Puis un autre, puis encore un autre. Une paix d'une présence étonnante saisit l'assemblée. Plusieurs jeunes se mettent à pleurer. Et soudain, je vois Edwin, lui qui prétendait que tout cela était de la rigolade, tomber à son tour. Ce n'est pas tant de le voir basculer en arrière qui m'a impressionné, que de voir son visage transformé lorsqu'il était allongé par terre. Il n'était plus le même. Il était dans un demi-sommeil, les yeux fermés et répétait « Jésus, Jésus, Jésus… » en souriant. Et puis, quand il a ouvert les yeux quelques minutes plus tard, ce n'était plus le caïd Edwin qui se relevait, mais un être plein d'amour et de tendresse qui, les larmes dans les yeux, a témoigné qu'il avait rencontré Jésus. Le caïd violent, moqueur et dur était devenu un agneau.

Beaucoup d'autres ont vécu ce soir-là ce qu'a expérimenté Edwin. Tout avait changé dans le groupe. L'ambiance était totalement différente le lendemain. La paix, la joie et l'amitié régnaient entre les uns et les autres. J'étais sidéré, je n'en croyais pas mes yeux.

Je n'oublierai jamais ces quatre mois passés à New York, que ce soit la rencontre de Mère Teresa, celle de James sur son lit d'hôpital et ces moments avec le père Christopher, dont la force de l'amour de Jésus manifestée lors de cette soirée dans l'un des endroits les plus dangereux du Bronx.

En quittant la maison des Sœurs de la Charité, le dernier jour avant mon retour en France, je me revois encore marchant dans le Bronx. Je repensais à tous ces moments et soudain j'ai été saisi d'une prise de conscience, comme d'une évidence : j'avais changé. Je prenais conscience – à nouveau, car j'avais déjà fait cette expérience de retournement trois ans auparavant – que je n'étais plus le même. Alors que j'étais arrivé très préoccupé par ma carrière professionnelle, le souci de réussir, de plaire à ma famille, je me sentais léger, libre de créer ma vie. Je goûtais à nouveau la sensation de ce moment de septembre 1982, lorsque Dieu était venu me rencontrer. Là, à New York, Dieu avait un visage : celui des plus pauvres d'entre nous. Je les avais rencontrés à travers James et d'autres malades du Sida, à travers les sans-abri qui faisaient la queue pour la soupe populaire. Je l'avais rencontré aussi dans les Sœurs de Mère Teresa et en Christopher, qui consacraient leur vie pour le Christ au service des oubliés, des exclus, des rejetés de notre société.

Cette expérience m'a ancré dans la foi. En me lisant, certains d'entre vous, particulièrement ceux qui ont une culture catholique, se disent peut-être : « Mais avec une telle expérience de rencontre de Dieu, pourquoi Hubert n'est-il pas devenu prêtre ? » Plusieurs personnes auraient voulu que je le sois. Et pourtant, ce jour-là, ce Dieu qui ne cessait de chambouler ma vie m'a montré autre chose. De manière assez claire, l'invitation intérieure que j'ai reçue a été d'unifier la découverte de ma foi récente, la rencontre des personnes pauvres et ma passion pour l'entreprise. C'était un appel à aimer Dieu, à suivre Jésus Christ comme ami et compagnon, comme disciple même, mais en plein monde, en assumant des responsabilités au service des enjeux de la société, pour construire un monde plus humain et plus juste. J'ai mis du temps à accueillir ma « vocation » de laïc chrétien engagé dans le monde comme une « vraie vocation », tellement j'avais l'image d'un engagement des prêtres et des religieux comme étant « supérieur » à celui des laïcs. J'avais été éduqué en vue de toujours vouloir faire ce qui était le meilleur, le plus grand et le plus difficile. Il m'était de ce fait difficile d'adhérer à une vie qui serait perçue comme moins engagée, par les autres, par moi-même et, croyais-je aussi, par Dieu.

Grâce à Fondacio et à un père jésuite qui m'a accompagné depuis de nombreuses années, et à qui je dois tant, j'ai accueilli peu à peu la révélation que mon appel à m'engager en homme marié et en chrétien dans les chantiers de la société, dans l'entreprise en particulier, n'était pas une « sous-vocation ». C'était au contraire une magnifique vocation, faite pour mon bonheur et au service de la transformation de la société. J'ai même compris plus tard qu'apparaissent aujourd'hui, çà et là, de nouvelles vocations d'apôtres, porteurs de la foi et annonceurs d'espérance dans l'entreprise, la politique, la médecine, l'éducation, le social, et auprès des jeunes. Ces vocations ne sont pas si différentes de celles des premiers apôtres. Je précise qu'être apôtre signifie « être envoyé, chargé d'une mission ». Plutôt qu'être envoyé vers des pays pour porter la bonne nouvelle, c'est vers des mondes que ces laïcs sont envoyés. Le monde de l'entreprise est en effet l'un de ces domaines de la vie en société qui a profondément besoin d'être humanisé, de retrouver sa raison d'être, pour servir l'Homme plutôt que la recherche du profit à tout prix.

Ainsi, en marchant dans les rues du Bronx, je constate l'appel qui se révèle en moi : « Attache-toi à redonner du sens à l'entreprise, travaille à l'humaniser, en étant toi-même habité par l'amour de Dieu. » Ce n'est pas une décision que j'ai prise, je n'ai fait qu'adhérer à cette évidence qui était là.

Cela a eu plusieurs conséquences. Jusqu'à présent, il était prévu que je fasse mon service militaire dans l'armée comme officier de réserve, ainsi que l'ont fait mon père et mes oncles. C'était une tradition familiale. J'étais très lié à mon grand-père maternel, le général Charles de Cossé-Brissac, que j'admirais profondément et qui m'aimait particulièrement. Ce grand-père avait été membre du deuxième Bureau de l'armée française durant la Seconde Guerre mondiale, qui coordonnait les services secrets de l'armée. Arrêté par la Gestapo en 1942, il fut déporté au camp d'Eisenberg en Tchécoslovaquie et n'en revint qu'en 1945. J'étais tellement fier de mon grand-père et nos liens étaient si forts que j'avais une peur énorme de le décevoir en lui expliquant que je ne serais pas officier dans l'armée. Et pourtant, ce jour-là, en marchant dans les rues du Bronx, je me sentais invité à renoncer à ce projet de service militaire dans l'armée pour poursuivre ma rencontre des pauvres, de l'entreprise et de ma foi.

Allais-je privilégier la tradition familiale, la peur de décevoir mes proches ou l'appel intérieur qui se manifestait en moi ?

Je marchais, je me sentais léger et en même temps je pleurais. Je pleurais de joie de ressentir que ma vie avait changé, de visualiser cet appel si naturel et évident à poursuivre ce cheminement intérieur que j'avais initié à New York. Et je pleurais aussi de devoir renoncer à ce désir de porter l'uniforme au service de la France comme l'ont fait tant de mes ancêtres. Je renonçais aussi à démarrer ma carrière dans une entreprise brillante, un cabinet d'audit, de conseil en stratégie ou une grande banque comme l'envisageaient de nombreux amis.

Je ne savais plus ce qu'allait être ma vie en fait. Je n'avais plus aucune certitude si ce n'est ce désir d'unité en moi et de lui donner un sens au service des autres.

Ce que je ressentais était un mélange de joie du cadeau qui m'était fait, et de regret devant ce que j'abandonnais. J'avais peur de l'avenir que je ne maîtrisais plus et en même temps montaient en moi des larmes de libération. Petit à petit, je lâchais prise. J'entrais dans une nouvelle étape de ma vie, inconnue, mais libre. Une nouvelle personne naissait en moi, m'invitant à quitter l'ancienne.

En marchant, je comprenais que ce nouvel Hubert était en train de naître. J'assistais à son émergence. Il suffisait que j'accompagne le chemin qui m'était montré et dont l'exploration ne faisait que commencer !

Je suis conscient que cette expérience peut toucher des chrétiens susceptibles de s'y reconnaître, mais qu'elle peut paraître lointaine pour ceux qui n'ont pas vécu de telles rencontres marquées par la foi. Le passage que j'ai expérimenté à New York dépasse l'appartenance à une croyance religieuse, me semble-t-il. C'est une expérience intérieure accessible à tous. Je retiens de tout cela que j'ai été comme guidé intérieurement par une petite voix audacieuse que j'ai appris peu à peu à écouter. Cette voix m'indiquait une voie de bonheur, différente de celle qui était tracée et me disait : « Oserais-tu ? » Puis elle m'encourageait à croire que ce chemin nouveau était possible si je quittais mes raisonnements et lâchais prise. J'étais à chaque fois tenté de l'ignorer. Alors j'aurais tu l'élan de mon être. En relisant mon parcours, je valorise la chance d'avoir osé me faire confiance pour suivre

« ma » voie. À chaque fois, le choix allait de pair avec un renoncement à une image de perfection ou à des peurs de ne pas correspondre à ce que d'autres attendaient de moi. Aujourd'hui j'y vois une lumière douce et invisible qui m'a montré le chemin de ma vie au fur et à mesure. Que l'on soit croyant ou pas, je pense qu'il est possible à chacun de devenir peu à peu attentif aux signaux que la vie nous donne pour oser les suivre. C'est cela pour moi, être fidèle à soi. Il en résulte une liberté d'être et une joie profonde.

QUITTE TON PAYS...

Toujours aux Philippines, assis confortablement dans l'herbe, au fil de ma conversation avec Louis, je revois ma vie défiler. Le temps passe vite. Le soleil caresse déjà l'horizon. Le ciel dévoile des variations de nuages rouges et orange étonnantes qui s'entrelacent. Et au-dessus de nous, un vol d'aigrettes aux plumes blanches comme neige semble nous saluer dans une harmonie invitant à poursuivre l'échange. Probablement, vous dites-vous : « Et alors, que s'est-il passé après cette expérience de New York ? Comment ai-je été conduit dans cette quête d'unité entre ma formation pour l'entreprise, le désir de rencontrer les personnes démunies et ma foi ? Cela a-t-il été facile ou pas ? »

De fait, cette période du début de l'année 1986 qui a suivi mon séjour à New York n'a pas été si facile. Je poursuis le Programme international de management d'HEC à Cologne, à la Wirtschaft Universität zu Köln. Je me retrouve vite perdu au milieu des 50 000 étudiants qui étudient là. Je ne connais personne. J'habite dans une tour impersonnelle dans un quartier isolé de la ville qui regroupe une importante communauté turque. Je ressens la pression de devoir étudier en allemand au sein de cette université réputée en sciences économiques.

Je passais des soirées seul, sans relations, ne pensant qu'à retourner en France retrouver mes amis. Chacun passait d'un cours à un autre et faisait sa vie de son côté. J'avais beau essayer de tisser des liens amicaux, je n'y arrivais pas. Je trouvais très difficile, comme étranger, de me faire des amis parmi les jeunes Allemands. Après l'aventure exaltante de New York, j'expérimentais l'aridité, la solitude, le retour au désert après l'oasis de ces dernières semaines. Au fond de moi, cependant, je gardais cette lumière qui s'était allumée. Cette lumière qui m'avait laissé entrevoir que je pourrais trouver un chemin d'unité entre ma passion pour l'entreprise, le service des pauvres et ma foi. Mais là, à Cologne, cette promesse était mise à l'épreuve. Avais-je raison d'y croire ? N'était-ce pas de l'illusion ? Ne devais-je pas me résigner et me dire que tout cela n'était qu'un rêve d'un jeune qui se cherche ? Ne fallait-il pas finalement que j'accepte la dureté de la vie et me remette sur les rails d'un parcours professionnel classique sans me poser de questions ? Et Dieu dans tout ça ? Pourquoi avait-il semé en moi ce désir d'unité et de liberté si c'était pour me faire expérimenter l'aridité d'une vie dont je ne percevais plus le sens ? Que signifiait mon séjour en Allemagne ? Quelle cohérence ? Le doute commençait à germer en moi. Dieu m'avait-il abandonné ?

J'ai souvent expérimenté dans ma vie que ce n'est qu'après coup que l'on comprend la cohérence des choses. Ces six mois en Allemagne ont creusé en moi ce désir profond de donner un sens à ma vie. L'aridité vécue m'a poussé à me tourner plus encore vers Dieu et à le fréquenter régulièrement dans un cœur-à-cœur dans le silence de ma chambre comme on parle à un ami. Souvent, je lui renouvelais une prière profonde : « Ne m'abandonne pas mon Dieu, toi qui es venu à ma rencontre ! »

La réponse est venue de manière étonnante. De retour en France un week-end, je suis allé à la messe de Saint-Germain-en-Laye, là où mes parents résident et où j'ai passé mon enfance. La messe était célébrée par le cardinal Raúl Silva Henriquez, archevêque de Santiago du Chili, de passage en France.

En 1983, j'avais déjà vécu une expérience avec des Chiliens qui m'avait marquée. Elle avait eu lieu lors d'un rassemblement de Fondacio[1] à Louvain-la-Neuve en Belgique. Trois mille personnes de différents pays y étaient réunies. Une quarantaine de Chiliens étaient présents, la moitié d'entre eux habitant les quartiers aisés de Santiago et l'autre les *poblaciones*. Le Chili était à ce moment-là en proie à des manifestations violentes régulières, appelées les *protestas*, pour contester la dictature du général Pinochet qui contrôlait le territoire depuis le coup d'État du 11 septembre 1973. Le pays était totalement divisé avec d'un côté les militaires et les « pro-Pinochet », et de l'autre les « anti-Pinochet », dont le Parti démocrate-chrétien qui œuvrait pour un retour à la démocratie. À l'extrême gauche, des révolutionnaires du MIR[2], créé par des syndicalistes et des étudiants, dont un neveu de l'ancien président socialiste Salvador Allende, prônaient la révolution marxiste prolétarienne par la violence.

1. L'association chrétienne dont j'ai décrit les activités précédemment, à l'occasion de ma participation à son congrès mondial aux Philippines.
2. Mouvement de la Gauche révolutionnaire.

Je terminais alors ma première année d'école préparatoire aux grandes écoles et avais accompagné mes parents à cette rencontre. Je me posais plein de questions à ce moment-là sur les systèmes politiques et économiques, ne sachant pas lequel du capitalisme ou du marxisme, était le modèle qui permettait un plus grand épanouissement de l'homme. J'ai alors vu ce groupe de Chiliens si différents monter sur le podium. Certains étaient fortunés, dirigeants d'entreprise ou hommes politiques dont Domingo Santa Maria, ancien ministre de l'Économie et des Finances du gouvernement démocrate-chrétien d'Eduardo Frei Montalva, devenu président du Banco del Desarrollo[1]. D'autres étaient des *pobladores*[2] pauvres, dont certains avaient subi des tortures. Ils ont témoigné ensemble de l'amour de leur pays, ce Chili qui leur a tant donné.

Ils ont pleuré ensemble devant le désarroi de leur pays marqué par les violences quotidiennes. Ils ont partagé leur angoisse et leurs divisions humaines, puis se sont mis à genoux en demandant la prière pour eux et pour leur pays. Les voir ensemble apporter humblement leurs divisions devant tous, puis témoigner de leur désir d'unité dans leurs différences m'a chamboulé. De longs chants de prière accompagnaient ces Chiliens à genoux. Petit à petit, une paix et une force ont été données. Une joie les habitait. Ils se sont embrassés devant tous et ont dit combien leur fraternité se trouvait renouvelée par notre prière. Un voile s'est alors levé en moi. D'un coup je voyais clair. Ce n'était pas un système qui allait sauver le monde, c'était l'unité d'un

1. Banque du développement, banque mutualiste créée à l'initiative de l'Église chilienne.
2. Habitants des quartiers pauvres.

peuple s'acceptant dans la différence. Cette unité n'était pas atteignable par la seule volonté humaine, mais par une énergie d'amour partagée, qui peut prendre la forme d'une prière. C'est la prière qui attire la force de l'amour divin sur nos pauvretés humaines, individuelles ou collectives. La faille des systèmes, qu'ils soient marxistes ou capitalistes, c'est qu'ils ne comptent que sur eux-mêmes.

En voyant le cardinal Silva Henriquez célébrer la messe à Saint-Germain-en-Laye, me revenait le souvenir de tous ces visages. Je connaissais l'aura du cardinal au Chili et son influence internationale. Il a eu un rôle déterminant dans le concile Vatican II, de concert avec une figure comme Don Helder Camara. Ferme opposant au général Pinochet, il avait créé le Vicariat pour la solidarité, qui défendait les droits de l'homme sous la dictature et dénonçait les tortures et les disparitions, en les faisant connaître au monde entier. C'est un homme d'un courage incroyable, très aimé des Chiliens.

À la sortie de la messe, je rencontre un ami de mes parents, Denis Gallet, banquier d'affaires à l'époque, qui me dit : « Hubert, que fais-tu ce soir ? – Rien, lui dis-je, car mes parents sont absents et je suis seul. » Il me propose alors de venir dîner chez lui avec le cardinal et le fameux président du Banco del Desarrollo, Domingo Santa Maria, qui m'avait tant impressionné quelques années auparavant lors du rassemblement de Louvain-la-Neuve, et quelques autres de ses amis. Me voilà donc attablé avec ces trois hommes impressionnants pour le jeune homme de 21 ans que je suis. Soudain, Domingo Santa Maria me demande : « Et toi, jeune homme, qu'est-ce qui t'anime dans ta vie ? Quels sont tes projets ? »

J'étais justement en train de penser à ce que je voulais faire après mes études. L'âpreté de mes études en Allemagne m'avait plongé dans un moment de doute dont je ne voyais pas l'issue. J'avais exploré quelques pistes de coopération humanitaire ou catholique, mais les propositions me dirigeaient vers du volontariat comme professeur de latin ou animateur de rue en Afrique, qui ne correspondaient pas à ce que je souhaitais. Je voulais agir pour les plus pauvres, mais voulais le vivre par un engagement dans une entreprise. Mais à chaque fois je me trouvais confronté à un dilemme : soit je pouvais trouver un service de coopération en entreprise, mais dans une entreprise classique sans aucune action sociale, soit je pouvais m'engager dans une association humanitaire ou une œuvre chrétienne, mais sans lien avec l'entreprise. Je souhaitais concrétiser l'appel que j'avais entendu comme une douce musique au fond de mon être : vivre en unité mon goût pour l'entreprise, la rencontre de la personne pauvre et ma foi. Alors, quand Domingo m'a demandé ce qui m'animait dans ma vie, j'ai littéralement plongé. J'ai raconté mon expérience new-yorkaise, ma rencontre avec Mère Teresa, et surtout comment mes visites dans le Bronx avaient changé ma perception de ma vie. J'ai dit aussi mon angoisse de ne pas trouver comment concrétiser ce que je cherchais. Je me suis confié à lui.

C'est alors que l'inattendu se produit. Domingo me regarde et me dit : « Viens au Chili, tu trouveras ce que tu cherches ! » Et moi de lui répondre, très surpris : « Que voulez-vous dire ? » Domingo a repris : « Eh bien, tu peux venir dans la banque de développement que je dirige ! Cette banque a été créée en 1983 par le cardinal Raúl ici présent au moment d'une grave crise économique du Chili liée à la chute des cours du cuivre. L'Église chilienne avait des propriétés, des moyens financiers, et le cardinal a décidé de les investir en créant une banque pour développer les petites entreprises et le logement social. Nous avons même une salle de méditation dans la banque pour que les employés et les clients qui le souhaitent puissent prendre un temps de réflexion ou de prière dans la journée. » J'avais le souffle coupé ! Seul dans ma petite chambre glauque de Cologne, j'implorais Dieu depuis des semaines en le suppliant de répondre à ma demande de sens pour la suite de ma vie, et là, j'étais écouté et accueilli dans ma prière, en présence d'un cardinal et du président d'une banque chilienne !

Deux jeunes agronomes – dont Xavier, devenu un ami proche – avaient prévu de partir également là-bas. J'ai alors proposé à un camarade d'HEC, Laurent Marbacher, de faire équipe. Et en quelques mois, avec l'aide de la Délégation catholique pour la coopération et avec l'appui du ministère des Relations extérieures, nous avons pu créer cette nouvelle modalité de coopération. Nous sommes ainsi partis pour deux années au sein du Banco del Desarrollo.

En moins d'un an, à travers des expériences gratifiantes ou éprouvantes, ma vie avait totalement basculé. Je devais faire mon service militaire comme officier, mais la rencontre de Dieu et des mendiants de New York avait changé la donne. Je ne savais plus comment avancer, mais voilà que des rencontres étonnantes se produisaient, telles des étoiles pour éclairer mon chemin. Je faisais l'expérience d'avoir lâché l'incertitude de mon avenir à Dieu et de trouver des réponses en chemin. C'est comme si, mystérieusement, j'étais guidé par quelqu'un qui me connaissait mieux que moi-même et prenait soin de moi. Ce qui m'était demandé alors était de lui faire confiance, et de me laisser guider par l'Esprit Saint.

Cela peut paraître bizarre de parler d'Esprit Saint quand on est un dirigeant d'entreprise qui prétend être crédible. Que dire ? Comment décrire l'Esprit Saint ? Pour les chrétiens, l'Esprit Saint – « troisième personne de la Trinité » – est l'esprit d'amour qui unit Jésus à son Père ; les trois réunis (le Père, le Fils et l'Esprit Saint) étant Dieu. C'est un peu compliqué à comprendre car on peut croire qu'il y a plusieurs dieux, mais en fait, nous, les chrétiens, croyons en un Dieu unique, union intime de trois personnes distinctes, mais en relation permanente entre elles. Tout est relation en ce Dieu unique. Le mouvement relationnel fait partie de son essence ; donc rien n'est figé en lui, et c'est pour cela aussi qu'il peut établir une relation avec nous.

J'avais jusque-là une image floue de l'Esprit Saint, ne sachant pas très bien quel était son rôle. Mais au fur et à mesure des mois qui avançaient, je remarquais que des réponses étaient données à mes prières, de manière mystérieuse, comme s'il y avait un protecteur qui mettait sur mon chemin les personnes qu'il fallait, au moment où il fallait. Pour moi, l'Esprit Saint est cet être divin qui me guide, m'éclaire, me montre la direction à suivre, prend soin de moi, ouvre les portes, place sur mon chemin les personnes dont j'ai besoin. Peut-être est-il celui qui rend mon cœur et mon intelligence ouverts à accueillir ce qui est. Peut-être est-il cette lumière qui me permet de voir dans l'ordinaire de la vie la marque de l'amour de Dieu qui se manifeste à moi. Peut-être est-il l'éclaireur qui montre la route à suivre !

Je découvre sa présence surprenante jour après jour. Cette présence de l'Esprit ne s'impose pas, elle est discrète comme la brise légère qui caresse le visage. Sa voix s'entend dans le silence. Sa proximité se manifeste dans l'émotion profonde qui saisit l'âme, comme pour nous dire : « C'est ça, ce que tu perçois là comme une promesse à laquelle tu n'oses pas croire, en fait, c'est le bonheur que je veux pour toi, et si tu y crois, cela deviendra réalité, fais-moi confiance. » L'Esprit Saint conforte, encourage, nous rend solide au creux de notre faiblesse. Il répond quand on l'invite à venir dans notre cœur. Il n'est pas dans les normes, les règles, le classique, le « il faut faire cela », il est moderne, inventif, plutôt dans le « et pourquoi ne ferais-tu pas cela ? ». Il est mouvement et dynamique de vie. C'est pour cela qu'il est imprévisible. J'ai toujours été frappé par cette phrase de l'Évangile de Jean 3, verset 8 : « Le vent souffle où il veut ; tu entends le bruit qu'il fait, mais tu ne sais pas d'où il vient, ni où il va. Voilà ce qui se passe pour quiconque naît de l'Esprit de Dieu. » C'est cela que j'ai expérimenté lors de cette rencontre. Et que j'expérimente toujours et encore aujourd'hui, y compris sur mon lieu de travail, que les portes soient ouvertes ou fermées. Ma vie se crée sous mes yeux, comme si une présence bienveillante me guidait. Il me suffit simplement de croire qu'elle me veut du bien et de me laisser guider dans la confiance. Alors tout devient possible, même le plus improbable, même le désir de mon être profond qui habite mon cœur et auquel je n'ose pas croire.

La bonne nouvelle, je crois, est que l'Esprit Saint n'attend que de se donner à tous ceux qui en font la demande sincère au creux de leur cœur. C'est comme cela que je comprends cette phrase de Jésus dans l'évangile selon saint Jean (chapitre 14, versets 12-26) : « En vérité, en vérité, je vous le dis, celui qui croit en moi fera, lui aussi, les œuvres que je fais :

et il en fera même de plus grandes, parce que je vais vers le Père. Et tout ce que vous demanderez en mon nom, je le ferai… Celui qui doit vous venir en aide, l'Esprit Saint, que le Père enverra en mon nom, lui, vous enseignera tout… » Ce n'est pas magique bien sûr. Parfois, la réponse à une prière profonde se fait attendre ou se manifeste différemment de ce que l'on attendait. Nous n'avons jamais fini d'apprendre à lâcher prise, moi le premier !

J'ai fait l'expérience de l'action efficace de l'Esprit Saint le jour de cette fameuse sortie de messe à Saint-Germain-en-Laye. Sans Denis Gallet, cet ami de mes parents, sans la visite du cardinal Raúl ce jour-là et sans Domingo Santa Maria, ma vie aurait été totalement autre. Mais ce jour-là, ma prière a été entendue. Dieu ne m'a pas abandonné.

À nouveau, j'entends cette petite voix qui me dit : « Attention, Hubert, quand tu racontes cela, on a l'impression d'une histoire où tout s'est fait assez naturellement. On n'a pas l'impression que c'était si difficile. Avec Dieu qui te parle et des jeunes caïds qui tombent les uns après les autres, on pourrait être dans une fiction. Ça ressemble un peu au parcours extraordinaire d'un jeune chrétien français ! Mais beaucoup cherchent et ne trouvent pas. Pour eux, ce n'est pas si simple. Que leur dirais-tu ? »

En vérité, je n'ai pas de réponse à cela car chaque vie est un mystère. Dieu se manifeste pour chacun de manière différente : pour certains, c'est dans la supplication à travers l'épreuve. Pour d'autres, c'est par la contemplation de la nature ou par des moments heureux qui ouvrent à la gratitude. Parfois, cela peut être dans la méditation ou le silence après une longue attente. Pour moi, Dieu s'est manifesté dans le doute, de manière sensible et visible, certainement parce qu'il fallait que mon raisonnement rationnel et mon orgueil soient ébranlés au point de devoir baisser les armes. Je devais me soumettre à l'évidence de son amour pour moi alors que je n'y croyais pas.

Me revient alors une autre phrase d'Antoine de Saint-Exupéry dans *Citadelle* (chapitre XLIX) : « Seule compte la démarche. Car c'est elle qui dure et non le but qui n'est qu'illusion du voyageur quand il marche de crête en crête comme si le but atteint avait un sens. De même il n'est point de progrès sans acceptation de ce qui est. » Certains peuvent avoir l'impression de chercher sans trouver, et cela peut leur paraître trop difficile, voire injuste. Mais, me semble-t-il, l'essentiel est de chercher, de demander à voir le chemin et de recevoir la lumière. On n'a jamais fini de chercher le sens de notre vie, et cet infini qu'est Dieu. La réponse et le but ne dépendent pas de nous. Chercher ouvre le chemin. Car tout est don.

CHAPITRE 3

AU CHILI, À L'ÉCOLE DES PAUVRES

L'APPEL DE LA LIBERTÉ

Partir pour Santiago du Chili pour deux années n'était pas si simple. Cela signifiait « quitter » beaucoup de choses, en particulier ma famille et mes amis pour une longue période, d'autant qu'à l'époque, nous ne pouvions pas garder le contact par WhatsApp ou Facebook ni même par téléphone comme aujourd'hui. Parler une minute au téléphone depuis le Chili coûtait une fortune.

Partir pour ce projet impliquait aussi un acte d'abandon dans deux domaines particuliers.

Le premier concernait ma carrière. Autant aujourd'hui, partir en volontariat humanitaire est assez fréquent et valorisé par les entreprises, autant en 1986, c'était un choix jugé idéaliste et décalé, voire décrédibilisant. Je recevais de nombreux commentaires me disant : « Mais Hubert, pourquoi vas-tu au Chili dans une banque de développement chilienne ? Que pourrais-tu apprendre là-bas, considérant que tu pourrais trouver une coopération beaucoup plus brillante dans de grandes banques d'affaires ? En plus, c'est un pays dangereux ! »

Le second est plus subtil encore. J'avais 22 ans. Je ne savais pas ce qu'allait être ma vie, mais comme la plupart des jeunes garçons de mon âge, j'avais le désir de construire ma vie affective. Et *a priori*, si je devais construire une vie de couple, je me disais que ce serait plus simple avec une fille proche de ma culture. En fait, en partant, j'avais une certaine crainte de rater des occasions de rencontres et de passer à côté de ma vie.

Je m'étais ouvert sur ces deux obstacles auprès de mon accompagnateur jésuite, qui m'avait simplement invité à faire un acte de confiance en Dieu (un de plus !). Il m'avait dit : « Si partir pour le Chili répond à un appel de Dieu, dis-toi que Dieu est cohérent. Il te connaît. Tu peux faire confiance qu'il prendra soin de toi dans tous les domaines de ta vie, incluant ta vie professionnelle et ta vie affective. » Il m'avait parlé d'Abraham, qui avait répondu à l'appel de Dieu : « Quitte ton pays vers le pays que je te montrerai. » « Quitte » est au présent, le pays que je te « montrerai » est au futur. Là est l'acte de foi. On part sur un appel intérieur sans savoir ce qui se passera après. Alors Étienne, le père jésuite, me dit : « Va, Hubert, fais confiance : Dieu prendra soin de toi, pars serein et ne regarde pas en arrière ! » Je croyais entendre les paroles de la chanson *Pars* de Jacques Higelin : « Pars et surtout ne te retourne pas ! »

Libéré de mes peurs, me voilà donc en route vers le Chili, léger et confiant, libre, avec cette joie profonde d'aller « vers ma vie ».

Nous voilà partis pour le grand départ, à quatre, avec mon ami d'HEC Laurent, avec Xavier et Jean-Michel, ingénieurs agronomes. En quelque 22 heures d'avion (à l'époque !), nous survolons le Portugal, le Cap-Vert et nous faisons deux escales au Brésil : Recife, puis Rio de Janeiro. En découvrant la cordillère des Andes, une émotion d'émerveillement me saisit. L'immensité de cette chaîne de montagnes enneigées, dont les remparts s'élèvent par endroits à 6 500 mètres d'altitude, s'étend à perte de vue. Me revenaient les récits d'Antoine de Saint-Exupéry dans *Vol de nuit*, décrivant cette chaîne de montagnes comme une « cathédrale de glace ». J'imaginais les vols de Rivière, personnage central du livre, pour acheminer le courrier de l'Aérospatiale en avion, au risque de sa vie avec ses hommes, les invitant à agir comme si « quelque chose dépassait, en valeur, la vie humaine ». Comment ne pas sentir devant cette immensité la présence d'un absolu qui nous élève ?

Soudainement, l'avion descend à grande vitesse vers Santiago. Alors que nous contemplons encore cet amoncellement de montagnes, déjà nos regards se posent sur la capitale du Chili, entourée de champs de vignes. Et au loin, se dévoile la mer soulignant l'infini. Mon cœur est serré, battant la chamade, dans un mélange d'impatience et d'angoisse devant l'inconnu. Je ne sais pas ce qui m'attend.

À peine arrivés, nous sommes accompagnés dans les familles qui nous accueillent, puis nous prenons le métro vers le centre de Santiago. Quand je monte les escaliers me conduisant vers le Banco del Desarrollo, quatre militaires pointent leurs mitraillettes vers moi. Monte alors en moi un sentiment d'insécurité que je n'avais jamais ressenti auparavant. Encore fatigué par le long vol d'avion, je comprends soudain que je suis arrivé dans une dictature contrôlée par l'armée du général Pinochet. J'en avais beaucoup entendu parler. Mais cette fois-ci, j'y suis et j'éprouve la peur que cela génère.

Santiago est une capitale très étendue. Le centre ressemble tout à fait aux quartiers d'affaires de New York ou Paris, avec des immeubles un peu moins élevés. Dans les quartiers aisés de Santiago, il faut faire un effort mental pour ne pas se croire dans les beaux quartiers de l'Ouest parisien ou de Washington. En fait, deux mondes sont totalement séparés : les riches du *barrio alto*, les quartiers aisés, et les pauvres des *poblaciones*, les quartiers défavorisés, dont certains sont des bidonvilles.

Les Chiliens sont accueillants et chaleureux. Nous avons rapidement été adoptés par tous. Leur spontanéité apporte aussi des surprises. Souvent, pour dire « au revoir », ils utilisent l'expression *te llamo*[1], mais en fait l'appel n'arrive jamais. Ou *nos vemos*[2]. Au début, comme tout bon Français, je sortais mon agenda pour leur demander : « OK, quand peut-on se voir ? » Je voyais mon interlocuteur totalement désarçonné. En fait il n'avait pas du tout prévu de prendre rendez-vous. Peu à peu, j'ai compris que c'était une formule sans lendemain, juste pour dire quelque chose de sympathique en se séparant.

Notre mission au Chili consiste à favoriser le développement économique du Chili. Nous travaillons au sein du Banco del Desarrollo qui est l'organisme financier créé avec des fonds investis par l'Église. En compétition avec les autres banques du Chili, cet organisme bancaire est soumis à des exigences de rentabilité comme toute autre banque. Mais sa finalité n'est pas le profit pour lui-même ou l'enrichissement des actionnaires. Le profit est réinvesti dans d'autres projets de développement. Le « Banco », comme nous l'appelons rapidement, est une banque mutualiste, c'est-à-dire que le client est considéré comme associé. Les clients sont en majorité des personnes aux revenus très peu élevés et des petites entreprises artisanales ou agricoles. Par

1. « Je te téléphone ! »
2. « On se voit. »

son professionnalisme, la Banco del Desarrollo est reconnue comme l'une des banques sérieuses du Chili, avec une forte croissance. Près de 400 personnes y travaillent.

Quelques jours après notre arrivée, nous rencontrons le cardinal Raúl Silva Henriquez, qui participait au fameux dîner de Saint-Germain-en-Laye. Cet homme a profondément marqué le Chili. Il a appliqué l'amour préférentiel de l'Église pour les plus pauvres. Le cardinal est un homme entier, très vivant, dont le cœur s'enflamme quand il parle de Dieu et des pauvres des bidonvilles.

Dans un premier temps, le Banco m'a confié des analyses à étudier pour développer le marketing de l'épargne-logement. Après l'enthousiasme des premières semaines, je vis une certaine déception. J'ai du mal à prendre avec humour certains traits de caractère des Chiliens. Par exemple, si je demande un document ou un renseignement à un collègue chilien de la banque, il va me répondre qu'il me le donne *al tiro*[1], c'est-à-dire à l'instant. Or, avec l'expérience, j'apprends qu'*al tiro* peut durer plusieurs jours, voire plusieurs semaines… Par ailleurs, alors que je souhaite avoir la liberté de sortir de la banque pour faire des études de marché sur le terrain, mon travail est finalement très administratif et routinier. Je suis encadré par un supérieur chilien qui me dit chaque jour ce qu'il attend de moi. Je me retrouve assis dans un bureau sans possibilité de contact avec des clients externes. Je me sens comme un cheval aspirant à la liberté qu'on a enfermé dans une stalle d'écurie. Et puis, ne suis-je pas venu dans la banque pour vivre une unité entre un engagement professionnel et les personnes défavorisées ? Or je travaille dans la

1. À l'instant.

tour Alameda, une grande tour du centre de Santiago, et ne rencontre jamais ou très peu les *pobladores*.

Je suis ainsi envahi par la déception et le doute. Intérieurement, je bouillonne. Mon ami Laurent ressent le même ennui. Nous partageons une frustration que la banque ne nous confie pas plus de responsabilités. Je me dis aussi : « Je ne suis pas venu pour un travail classique en entreprise, mais comme volontaire animé par le service des autres. En quoi mon action aide-t-elle vraiment les Chiliens qui n'arrivent pas à joindre les deux bouts ? » À cela s'ajoute une certaine désillusion sur l'action de la banque elle-même. Le Banco del Desarrollo étant l'institution financière créée par l'Église chilienne, et se définissant comme une banque différente, je pensais trouver une entreprise réellement plus humaine que les autres, tant dans le contact avec les clients que dans les relations hiérarchiques et entre employés. Or le discours est souvent loin de la réalité. À ceci plusieurs raisons : les exigences de rentabilité limitent la mise en œuvre de certains projets sociaux ; ensuite, la réglementation bancaire très stricte freine de nombreuses initiatives ; enfin, le « Banco » est une banque toute jeune – 3 ans à peine – qui grandit très vite, ce qui produit des disharmonies inévitables.

Un jour, alors que nous n'en pouvons plus d'analyser des données que nous jugeons inutiles, nous croisons Domingo Santa Maria, le président de la banque, qui nous propose de nous inviter à déjeuner pour faire un bilan des premiers mois de notre volontariat. Assis à une bonne table du Club de la Unión, une institution au Chili où se rencontrent les hommes politiques de différents partis, Domingo nous demande : « Alors, *chiquillos*[1], comment se passe votre travail

---

1. Jeunes gens.

à la banque ? » Et puis, voyant par la fenêtre une patrouille militaire défiler, il ajoute : « Vous avez quand même de la chance, car si vous n'étiez pas ici, vous seriez en train de souffrir au service militaire en France ! » Là, sachant que nous avons renoncé à des coopérations dans des entreprises prestigieuses, et que j'ai l'impression de tourner en rond depuis mon arrivée, mon sang ne fait qu'un tour. Je déverse ma frustration sur Domingo, qui ne s'y attend pas du tout, étant persuadé que tout allait bien dans le meilleur des mondes pour nous. Avec l'audace quelque peu inconsciente d'un jeune de 22 ans parlant à un président ancien ministre de 66 ans, je lui dis : « Domingo, tu me demandes comment je vais, eh bien je vais te le dire : ça ne va pas du tout. Je suis insatisfait, totalement frustré. Rappelle-toi notre dîner à Saint-Germain, je t'ai partagé ma soif d'unité entre l'entreprise et les personnes pauvres. Or nous nous retrouvons dans un bureau, sans pouvoir agir au service des plus démunis. Bref, nous ne sommes pas venus ici pour cela. Et sache que nous n'étions pas du tout obligés de faire notre service militaire. De nombreuses entreprises françaises nous ouvraient leurs portes pour faire une coopération de 16 mois à l'étranger. » Laurent enfonce aussi le clou. Nous voyons alors Domingo rougir, fumant de l'intérieur, en colère devant notre audace, mais en même temps gêné de percevoir le décalage entre sa promesse et la réalité.

Domingo était un grand homme, un homme droit. Il nous a invités à prendre de la hauteur, en expliquant que, dans la vie, « *hay sombras y hay luces*[1] ». Nous voyions en Domingo l'homme d'expérience, qui faisait au mieux dans le contexte.

---

1. « Il y a des ombres et des lumières. »

Il a rapidement pris acte du problème et nous a dit : « Je vais voir ce que l'on peut faire. Revoyons-nous bientôt. »

Nous avions pris le risque de la vérité avec le président de la banque. Avec le recul, je peux dire aujourd'hui que cette démarche a été fondamentale car elle a ouvert un nouvel horizon pour notre séjour au Chili, autant pour Laurent que pour moi. Être vrai, dire les choses, même de manière maladroite, prendre le risque du rejet, fait partie du chemin. La vérité vous rendra libres !

De mon côté, je comprends également que rester dans la critique et la déception n'est pas constructif. La meilleure façon d'agir sur la réalité est d'embrasser le réel – le Chili, la banque – tel qu'il est, avec ses beautés, mais aussi ses limites. Ainsi, je pourrai communiquer mon rêve pour le monde et contribuer à l'incarner ici. Les excellents contacts que nous avons avec les employés sont un signe positif et ravivent mon espérance.

Quelques jours après notre déjeuner un peu houleux, Domingo me demande de venir à son bureau à la présidence de la banque. Ayant compris mon intérêt pour les entreprises, il me dit : « Aimerais-tu créer la société de capital-risque du Banco del Desarrollo ? » Impressionné par cette proposition alléchante, je lui demande ce qu'est le capital-risque. Il m'explique que la loi bancaire chilienne vient d'autoriser la création de cette modalité qui permet d'investir dans le capital de petites entreprises à leur démarrage, celles-ci n'ayant pas suffisamment de garanties à offrir pour sécuriser des crédits bancaires. Je me suis alors plongé dans les caractéristiques du capital-risque, et ai découvert la règle du 2-6-2. En gros, pour qu'une société d'investissement en capital-risque soit rentable, il faut que sur 10 investissements, 2 au maximum échouent, 6 se comportent moyennement, et 2 soient des « stars » démontrant une forte réussite. C'est ainsi qu'à 22 ans, par le hasard de la situation, j'ai découvert le goût d'entreprendre, en créant Indes, « Investissement pour le développement ». Les projets qui étaient présentés variaient de la ferme de saumon dans le sud du Chili à la société des services informatiques, ou encore à l'exploitation d'algues jusqu'à une entreprise d'exportation de fruits séchés. La création de cette société a été ma première expérience entrepreneuriale. Étant seul au départ, j'ai dû exercer mon autonomie et me lancer dans l'inconnu. Cela a été passionnant.

À travers cette création d'entreprise, j'affine ma recherche sur le monde de l'entreprise : comment créer un développement harmonieux ? Quelle est l'entreprise dont je rêve ?

Le Chili de l'époque présente de nombreux avantages pour la création des entreprises, en particulier une main-d'œuvre très peu chère et un impôt de 10 % seulement sur le revenu des sociétés. Mais de l'autre côté, la réalité économique m'oblige à me poser des questions : ici, l'homme vaut souvent moins qu'une machine. Je pense à Mauricio, employé depuis 20 ans dans une usine de fabrication de papier-toilette. Par non-respect des règles élémentaires de santé et de droit du travail, cet homme est devenu sourd et ses poumons sont intoxiqués par la respiration de produits chimiques très nocifs. Mauricio travaille de nuit, tout au long de la semaine, avec un salaire de misère. Il n'a pas droit à un seul jour de vacances dans l'année. La formation d'un syndicat est interdite sous peine de licenciement immédiat. La grève est illégale. Et Mauricio de dire : « Je ne peux pas me plaindre car au moins j'ai un travail. » Il est important de préciser qu'à l'époque, dans le Chili des Chicago boys, ces économistes chiliens appelés par le général Pinochet et formés à l'université de Chicago par les théories de Milton Friedman, l'allocation-chômage n'existait pas. L'accès à la santé et à l'éducation était par ailleurs très coûteux.

Ces témoignages quotidiens secouent le bon capitaliste que je suis. Je ne peux pas rester indifférent à cela : Mauricio n'est-il pas une sorte d'esclave du XXe siècle ? Angoissé par ses problèmes financiers et sans aucune possibilité de repos, comment peut-il objectivement s'épanouir ?

Concernant l'autre sujet de frustration, notre manque de contacts avec les *pobladores*, Domingo nous a fait connaître, à Laurent et moi, un homme extraordinaire de bonté, Enrique, ex-sympathisant du parti communiste chilien qui, après une expérience spirituelle forte, est devenu l'un des piliers de la communauté catholique charismatique *Dios con nosotros*[1] dans la *población* Manuel Rodriguez. Enrique m'a proposé de venir habiter chez lui. Je partage la chambre de ses enfants. J'aime leur vie simple, leur ouverture vers les autres, leur foi spontanée, leur accueil inconditionnel. De fait, leur maison est le lieu d'un défilé permanent de personnes sollicitant de l'aide. Par eux, je découvre l'accueil chilien dans toute sa beauté : celui qui rentre dans une maison est tout de suite considéré comme un membre de la famille. Pas besoin de prévenir pour revenir : « *Estás en tu casa*[2] *!* »

La famille d'Enrique et de Bernarda vit simplement. Quelques signes extérieurs le montrent : Enrique ne prend qu'une semaine de vacances par an sur les trois autorisées.

---

1. Dieu avec nous.
2. « Tu es chez toi ! »

Dans le Frigidaire de leur maison de bois, pas de beurre chilien, mais du beurre dans une boîte d'aluminium, donnée par les États-Unis au titre de l'aide alimentaire aux pays du tiers-monde. Cependant, ils ne sont pas miséreux. Chacun des quatre enfants a son lit. Ils possèdent une télévision. L'ambiance est sympathique. La musique de la radio anime les rues. Le chien joue avec les cochons d'Inde dans la cour. Les filles se chamaillent. Les voisins entrent et sortent. Un mendiant vient demander à manger. Le samedi matin a lieu la *feria*, le marché, lieu de rencontre. On y achète des tomates, des piments verts et rouges, des papayes et des pastèques, des algues séchées et au milieu de la foule, des chevaux mangent des feuilles de maïs.

Le soir à 19 heures, dans ces quartiers périphériques, commence l'après-midi. Les familles sortent dans la rue, discutent avec les voisins, tandis que les bébés rampent à quatre pattes sur le sol en terre battue. Les enfants courent partout en jouant au rodéo en montant sur le dos des chiens. Les jeunes *pololent*[1]. Quelques-uns tapent dans le ballon. Les vieux jouent aux cartes. J'ai été vite séduit par cette joie toute simple, cette vie du temps présent et le sourire pétillant des enfants. Cette innocence se mêle durement au quotidien que l'on n'ose pas trop regarder : un jeune sur trois est sans travail. Beaucoup de mères sont seules, abandonnées par leur mari… les voisins sont alcooliques… la drogue fait des ravages, à laquelle s'ajoutent prostitution, vol, viols et parfois meurtres.

Très rapidement, je découvre la réalité de la dictature dans les quartiers populaires. À cette époque, le Chili vit encore sous l'état de siège, avec un couvre-feu à 22 heures.

1. Flirtent.

Souvent la nuit, j'entends des détonations. Me réveillant, je demande à Enrique ce que c'est. Il me dit calmement : « C'est une descente des *carabineros*[1] qui viennent tirer des bombes lacrymogènes avec un char pour apeurer la population et freiner son envie de manifester. » Le lendemain, une personne du quartier vient chez lui pour se confier à Enrique. Il enlève sa chemise et je vois son dos lacéré. Il me dit : « J'ai été torturé sur le gril, c'est-à-dire qu'on m'a attaché à un sommier métallique et infligé des chocs électriques. » Alors que je marche avec Enrique et son épouse Bernarda dans les rues environnantes, Enrique me dit : « Tu vois, cette dame-là. Son mari, membre du parti socialiste, a été enlevé par les militaires en 1974. Depuis, elle n'a aucune nouvelle de lui. »

Au cœur de cette souffrance, je suis touché par le regard intelligent, lumineux, transparent de ces personnes. Qui donc est l'homme pour qu'il m'offre son sourire si simplement alors qu'il manque d'argent et de bien-être ? Quelle beauté que cette petite fille qui court en dansant !

Les *poblaciones* sont un lieu de contraste où beauté et misère, amour et violence se côtoient. C'est finalement un microcosme qui reflète l'état du monde. J'apprends là à aimer ce monde tel qu'il est. La phrase de Domingo, « *En la vida, hay luces y sombras*[2] », résonne en moi comme une parole qui me fait évoluer peu à peu. Ma tentation est en effet de vouloir un monde parfait, sans aspérités, et de le rejeter dans ses imperfections et ses contradictions. Pour certaines personnes, parfois au nom de leur foi, la voie est de se tenir à l'écart, en critiquant le monde, comme pour se préserver du

1. Militaires chiliens.
2. « La vie est faite d'ombres et de lumières »

mal, pour être plus pur. Avec le recul, je crois au contraire qu'il nous est demandé d'aller à la rencontre du monde tel qu'il est. Nous sommes invités à l'accueillir, l'aimer et chercher à l'améliorer, sans avoir peur de se salir les mains.

Cette expérience au Chili m'invite à sortir de ma zone de confort. J'apprends à me laisser déstabiliser dans mes croyances et les préjugés de mon milieu favorisé. Je comprends pourquoi certaines personnes peuvent se sentir abandonnées par Dieu et le rejeter. Le lien entre foi et engagement se fait plus clair en moi : il n'est pas possible d'être chrétien sans chercher à lutter contre la pauvreté et l'injustice.

L'éducation chrétienne de mon enfance m'a parfois imprégné d'une image d'un Dieu qui observe le monde de haut, en jugeant nos actions, et en portant un regard négatif sur ce que les hommes ont fait du monde qu'il a si bien créé. Cela a pu me donner l'impression d'un Dieu qui rejetterait le monde et inviterait à s'en protéger pour rester pur. Au contact des pauvres du Chili, je comprends que Dieu n'est pas venu pour rejeter le monde qui parfois agit mal, mais pour l'aimer tel qu'il est. Il a fait le choix de l'amour inconditionnel, jusqu'au bout, jusqu'à accepter que ceux qu'il est venu aimer le rejettent et le crucifient. Je médite souvent cette phrase du chapitre 3, verset 16, de l'évangile selon saint Jean : « Dieu a tant aimé le monde qu'il a donné son fils unique, afin que quiconque croit en lui ne soit pas perdu, mais ait la vie en abondance. » C'est cela, l'appel qui grandit en moi : aimer le monde tel qu'il est, et pour cela, aller à sa rencontre. Aimer les personnes au cœur de leur misère. Me reconnaître pauvre avec elles et me laisser aimer tel que je suis.

L'AMOUR DES PLUS REJETÉS DE LA SOCIÉTÉ

Grâce à Enrique, j'ai découvert un autre endroit, qui est assez vite devenu mon lieu premier d'engagement auprès des plus pauvres et qui a changé ma vie au Chili. Plus que cela, c'est devenu ma famille. Il s'agit de la Communauté Santa Ana, un centre de réhabilitation pour jeunes drogués.

Je suis allé visiter ce centre, à deux heures de Santiago. Je me disais : « Ces jeunes ont commis des actes mauvais. Il faut les aider à se remettre dans le droit chemin. » Je me suis vite rendu compte que mes motivations n'étaient pas justes.

En arrivant, je suis accueilli par Clara, une religieuse étonnante d'enthousiasme et de force intérieure, qui me souhaite la bienvenue comme si j'étais quelqu'un d'important pour eux, alors qu'ils ne me connaissent pas. Puis j'entends entonner le chant de la *Marseillaise*, les jeunes du centre agitant des drapeaux français. Je ne m'attendais pas du tout à un tel accueil. Mais ce n'est que le début !

J'arrive ensuite sous la treille du préau dans lequel est apprêtée une belle table. Les quelque vingt jeunes présents restent debout devant leur chaise, les mains derrière le dos, et l'un d'entre eux prend la parole : « Aujourd'hui, nous accueillons Hubert. C'est un nouveau jour de ma vie car j'ai toujours été un menteur, mais devant lui et devant vous, je prends aujourd'hui l'engagement d'être vrai et honnête avec chacun d'entre vous. »

Puis Clara me place à côté de l'un des résidents, Carlos, en me disant : « Carlos aura la mission de veiller sur toi pendant ta présence ici. » Le repas est joyeux. Dans ma tête, je me dis : « Je pensais rencontrer des délinquants. Pourtant ils ont tous l'air droit, avec un beau regard. »

Après le repas, Carlos m'emmène dans le dortoir des garçons. Sept résidents nous accompagnent. Nous nous asseyons sur les lits de la chambre, puis chacun à son tour prend la parole pour me partager sa vie : « Moi, je me suis drogué dès l'âge de six ans, j'ai commencé à voler sur les marchés, puis à cambrioler des maisons. Je suis venu ici car j'étais au fond du trou et c'était ça ou la mort. » Puis un autre : « Pour vivre, je me prostituais et après, dans ma solitude, je prenais des drogues dures. Je suis devenu esclave des pilules excitantes. Je me suis coupé de ma famille. Mes parents m'ont rejeté car j'étais violent à la maison et je les volais. Je redécouvre que j'ai une dignité aujourd'hui. » Et encore : « J'ai assassiné une vieille personne en voulant lui arracher son collier. Je suis un criminel recherché par la police. Je regrette ce que j'ai fait. J'espère que Dieu peut me pardonner. »

Je les écoute. Je suis bouleversé par la franchise avec laquelle ils me partagent les zones sombres de leurs vies, alors qu'ils me rencontrent pour la première fois. Et moi qui étais venu avec l'idée de les remettre dans le droit chemin ! C'est plutôt moi qui ai besoin d'eux ! Carlos, voyant que je suis ému, me dit : « Et toi, Hubert, qu'as-tu fait de mal dans ta vie ? » Je suis à la fois dérouté par cette question et en même temps j'y vois une invitation à me livrer dans ma pauvreté, alors que toute ma vie j'avais cherché à préserver mon image de garçon bien comme il faut. Ce jour-là, pour la première fois de mon existence, je me suis livré en vérité devant ces sept jeunes ex-drogués sur ma vie affective, ma sexualité et les vols que moi aussi j'ai pu commettre dans mon enfance. Ils m'ont écouté, m'ont accueilli et m'ont dit : « Eh bien, tu es comme nous alors ! » Leur regard sur moi m'a libéré. Je me suis senti léger d'avoir confié ce qui me pesait et que je jugeais en moi. Je peux le dire aujourd'hui : ces jeunes rejetés par la société ont été visage de l'amour du Christ pour moi. Ils m'ont arraché à l'illusion de mon image sur moi-même. Ils m'ont révélé mon être d'amour au-delà de la carapace de mon ego surdimensionné. Ils m'ont sauvé. Ce jour-là, ils sont devenus mes frères.

Très vite après ces premiers échanges, ils m'ont adopté comme l'un des leurs. Ils m'ont invité à participer à un match de foot. J'étais terriblement complexé car j'étais nul avec un ballon entre les pieds. Mais là aussi, ils m'ont fait sentir que cela n'avait aucune importance. Ils étaient juste heureux que je joue avec eux.

Toujours dans cette période, j'ai négocié avec la banque de pouvoir, chaque mercredi après-midi, visiter la prison des jeunes adolescents mineurs de *Puente Alto*, dans la banlieue de Santiago. J'y suis allé la première fois pour rendre visite à Oscar, un jeune qui avait quitté la Communauté Santa Ana et s'est retrouvé en prison après un cambriolage. Là, autour de moi, 300 délinquants dans une salle, condamnés pour vols, viols, agressions, meurtres. On reconnaît ceux qui ont volé dans la rue car ils sont rasés. Leur âge, de 13 à 18 ans. La plupart d'entre eux ont vécu dans la rue dès l'âge de 5 ans. Beaucoup ont été abandonnés par leurs parents, principalement pour des raisons économiques. D'autres, de parents alcooliques, ont préféré quitter leur « maison » plutôt que d'être battus. Tous les jeunes que j'ai rencontrés sont tombés dans la drogue, sous forme de Néoprène[1], de marihuana ou de cocaïne. En général, dans ce milieu très pauvre, un jeune commence à se droguer pour tuer la faim et oublier le froid la nuit.

1. Colle bon marché.

La prison des mineurs est impressionnante. Pour y entrer, il faut franchir plusieurs portes cadenassées. Les gardes nous fouillent de fond en comble avant d'arriver dans la salle où sont entassés les jeunes. Dès ma première visite, j'ai été saisi par la souffrance. C'est comme si j'entendais un cri… silencieux parfois : « Pourquoi n'ai-je pas été aimé dans ma vie ? Que vais-je faire une fois sorti de prison ? » Ce cri m'a secoué. Je me suis senti totalement impuissant devant le mal. Pourtant, je me sentais invité à revenir voir ces jeunes. Je me sens proche d'eux de cœur, fait de la même chair. Pourquoi suis-je si heureux, chaque semaine, quand je pars pour la prison ? Sans doute parce que je n'y vais pas seul, ce serait trop dur d'ailleurs. Je suis habité par un amour pour eux qui me dépasse. Leur soif de relation m'émeut. Je vois en eux le visage du Christ abandonné qui vient me dire : « J'ai besoin de toi. » J'aime écouter l'un ou l'autre. Souvent nous parlons de choses banales ou nous rions, car ils sont très blagueurs. Parfois, l'un des jeunes s'ouvre plus profondément, dit sa douleur ou pleure. D'autres fois, un autre confie son désir de s'en sortir, d'en terminer avec la drogue.

Un jour, Raúl, âgé de 16 ans, me disait : « Toute la journée, je pense que j'ai raté ma vie. » Je me suis senti poussé à lui demander : « N'y a-t-il pas quelque chose de beau en toi ? » Après avoir répondu « Non, rien », il réfléchit, il sourit et reprend : « Si, il y a quelque chose : je partage toujours ce que j'ai avec les autres. » Raúl ne sait ni lire ni écrire, pourtant l'intelligence se lit sur son visage.

Ce qui me frappe, c'est la beauté intérieure de chacun. Quand je suis avec eux, quand ils blaguent ou quand ils pleurent, j'imagine la tendresse que Dieu peut avoir pour chacun d'eux. J'imagine un amour sans limites. Je comprends mieux ce que veut dire « pardonner » quand certains crimes sont impardonnables par les hommes. Souvent, en moi, jaillit cette certitude : Oscar, Mario, Raúl, Ernesto, José, Alejandro, Carlos... sont les bien-aimés de Dieu. Un père n'est-il pas attendri par son enfant qui souffre ?

Ces rencontres m'aident à porter le monde chilien pauvre dans mon travail. Je fais aussi partie du groupe des jeunes (de 18 à 30 ans) de la communauté chrétienne Fondacio à Santiago. J'y trouve un dynamisme de vie et y apprends à me mettre en présence de Dieu, à l'écouter, à me laisser aimer et transformer par lui. Mon travail de « banquier » est comme transfiguré par ces événements qui rythment ma semaine. De plus en plus, je peux dire : « J'aime mon travail. Je le vis uni à Dieu. Cela me donne beaucoup de bonheur. » J'ai une grande chance de pouvoir vivre cette expérience. À partir de ce moment, j'ai accueilli en moi la confiance que ma vie pouvait s'unifier. Cela m'anime encore aujourd'hui comme dirigeant d'entreprise au sein d'Armor.

Cette expérience chilienne, et la rencontre des « petits », des exclus, des jeunes rejetés de la société, m'a révélé la beauté de toute personne. Chacun porte en lui un trésor précieux, insondable « comme dans des vases d'argile », écrit Paul dans sa deuxième lettre aux Corinthiens (chapitre 4, verset 7). Aujourd'hui chez Armor, je ne suis plus dans les *poblaciones* du Chili, mais je suis souvent saisi par la présence divine qui se manifeste en tel ou tel. Je ressens cela dans une rencontre avec un client ou lors d'entretien individuel. Je contemple aussi cette présence dans l'harmonie d'une réunion en équipe ou avec les partenaires sociaux, lorsqu'après avoir écouté chacun, nous prenons une décision ensemble pour le bien de l'entreprise. Je suis émerveillé par le courage de l'un, l'audace de l'autre ou l'engagement total d'un troisième. Dieu n'est pas en dehors de l'entreprise. Il est présent au cœur de l'entreprise, à chaque instant, dans chaque personne, dans chaque rencontre. Alors, oui, dans ces moments, je garde en moi la mémoire des rencontres marquantes avec les jeunes de la Communauté Santa Ana et de la prison. Et comme au Chili, j'expérimente une unité dans ma vie de dirigeant qui me rend pleinement heureux.

Certains se diront peut-être : « C'est une chance de trouver Dieu dans son travail, mais moi je n'y arrive pas. Et puis est-ce que Dieu est vraiment nécessaire pour être heureux dans son travail ? » De fait, la foi n'est pas une condition du bonheur. Beaucoup de personnes athées sont heureuses dans leur travail et ne voient pas pourquoi elles auraient besoin d'y chercher Dieu. D'autres aimeraient croire en Dieu, mais il ne s'est pas encore manifesté. Le bonheur au travail et la foi sont de nature différente. On est heureux dans son travail si on s'y sent bien. Cela dépend de la qualité de l'environnement relationnel, de l'utilité et du sens que l'on trouve dans ce que l'on fait, et de la perspective d'épanouissement ou de développement que l'on perçoit pour l'avenir. La foi fait entrer dans une autre dimension, au-delà de soi. Dans la vision d'un Dieu créateur « créant », c'est-à-dire qui continue de s'impliquer dans l'évolution de l'humanité, nous avons la possibilité de jouer notre part. Nous sommes invités à être cocréateurs avec lui, acteurs du progrès et de l'humanisation de notre société, participant de la construction d'un monde plus humain et plus juste. Cela nous fait entrer dans une alliance avec Dieu, dans laquelle nous sommes avec lui et il est avec nous. Le sens de notre travail s'élargit alors aux dimensions de l'humanité. L'enjeu n'est plus simplement nous, notre bonheur, notre entreprise, notre pays même, mais l'amélioration de notre monde dans sa globalité.

Au milieu de ces expériences de transformation personnelle, la tension politique au Chili est toujours forte. Les *protestas* passent sous les fenêtres de la banque. Bientôt, le Chili se prépare à accueillir le pape Jean-Paul II. C'est la première fois qu'un pape touche le sol du pays. Ce voyage peut être capital pour l'avenir. Je n'imaginais pas qu'il me ferait autant vibrer personnellement.

LE COURAGE D'UN PAPE

Les moyens mis en œuvre pour la venue du pape Jean-Paul II sont considérables. Santiago a été repeint et replanté. Ce 1er avril 1987, Santiago est en effervescence. Dès 5 heures du matin, les Chiliens s'agglutinent dans les rues. Dans la banque, les employés ont apporté leur téléviseur. De même que tout le monde, je suis excité comme une puce.

J'ai participé au rassemblement des *pobladores*, qui était le premier meeting collectif autorisé depuis 13 ans… C'était dur d'écouter le cri de la pauvreté. Dès que passe au loin un hélicoptère de l'armée, la foule autour de moi crie : « Assassins ! Assassins ! » Cri de haine, cri de révolte. Le pays est divisé, blessé par une spirale de violence et de mensonge. C'est dans cette ambiance que le pape est arrivé à la *población* La Bandera. Jean-Paul II a écouté les témoignages de souffrance. Il a aimé ce peuple. Il a souffert avec lui. Il nous a dit : « Je n'ai ni or ni argent, mais ce que j'ai, je vous le donne, c'est Jésus Christ. » Tout au long de son voyage, l'« homme en blanc » n'a jamais condamné des personnes ni des groupes particuliers, même si chaque parti, d'un côté comme de l'autre, a cherché à récupérer son message. Il a dénoncé des attitudes contraires à l'amour : violence, haine, injustice, suppression de la liberté, récupération des personnes au profit d'une idéologie.

Le pape m'a touché car il n'en est pas resté à l'évocation des problèmes. Il a réussi à emmener le peuple chilien au-delà du débat politique. Le pape a annoncé Jésus, qui s'est fait pauvre, et qui dit à celui qui souffre : « Viens à moi, je suis doux et humble de cœur, je te soulagerai. » Jean-Paul II a rappelé que « l'homme vaut plus pour ce qu'il est que pour ce qu'il possède[1] ».

La beauté de cette rencontre a été pour moi de percevoir la confiance de cette foule en l'Église et en son pasteur. Peuple prêt à ouvrir son cœur, affamé de pain, mais surtout de Vie. Nous avions apporté, chacun, un morceau de pain. Au cours de la rencontre, le pape nous a invités à rompre le pain en deux morceaux, pour en donner une moitié à notre voisin et partager l'autre, en rentrant chez nous, avec une personne de notre quartier qui n'a pas pu venir. Quelle espérance que cela, quel signe ! Peuple de frères. La générosité était telle que je me suis retrouvé avec six bouts de pain, de voisins inconnus.

Pour moi, le moment le plus fort que je n'oublierai jamais a été la messe de réconciliation du Parque O'Higgins. La presse chilienne et étrangère a donné beaucoup d'importance aux incidents qui ont eu lieu pendant la messe et qui ont fait 600 blessés. C'était impressionnant, c'est vrai. J'étais là et j'ai vu ces actes de violence, ces jets de pierre de groupes extrémistes, puis les canons à eau et les bombes lacrymogènes de l'armée qui nous piquaient les yeux et irritaient

1. *Gaudium et Spes*, n° 35.

la gorge. L'inquiétude et la tristesse des chrétiens rassemblés jaillissaient comme une clameur : « Mais quand s'arrêteront la violence et la division dans notre pays ? Fallait-il que le pape voie sous ses yeux, à moins de 100 mètres, des Chiliens se battre, au moment même où il donnait son message de réconciliation et célébrait la messe ? »

Les journaux cependant n'ont pas tout décrit. Au cœur de cette souffrance, quelque chose s'est passé qui, de manière évidente, allait changer l'avenir du Chili. Une prise de conscience que le temps n'est plus à la haine, à la violence ou à la condamnation. Le sentiment qu'il y a urgence à se réconcilier.

Autour de moi, pendant les combats, dans la fumée, des personnes sont restées là, malgré la peur, et prient. Un père dit à sa fille au milieu de l'homélie du pape : « On s'en va, cela devient trop dangereux ici. » Et l'enfant de répondre : « Papa, non, on reste, on ne peut pas laisser le pape tout seul ! » J'ai rencontré alors l'Église signe pour le monde, témoignant de la force de l'amour. Église prête au martyre. Qui donc pousse ces prêtres, en aube et les mains nues, à s'interposer entre l'armée et les manifestants pour que naisse la paix ? Qui ? Qui donc, sinon l'amour prêt à aller jusqu'au bout ?

Alors qu'un hélicoptère s'approche pour évacuer le pape, Jean-Paul II refuse. Il reste et n'interrompt pas la messe. À peine la cérémonie terminée, il se met à genoux derrière l'autel, la tête entre ses mains contre sa férule papale, son bâton pastoral surmonté du Christ sur la croix. Il reste là, en prière, en silence, au moins pendant dix minutes. À mon tour, comme beaucoup au milieu des grenades lacrymogènes et des véhicules blindés qui arrivaient, je me sens poussé à rester. Je m'agenouille et je prie en silence. J'entends les bombes et l'agitation des gens qui courent partout et parfois se blessent en se bousculant contre les barrières extérieures du parc. Mais c'est étrange, dans le bruit, au milieu de cette guérilla, je ressens une paix et une force qui ne viennent pas de moi-même. Je suis comme détaché de la peur. J'aurais pu mourir là, je me sentais déjà au ciel, en présence du pape et de ces chrétiens courageux et acteurs de paix.

Puis Jean-Paul II se lève, va au micro et d'une voix forte, percutante, crie : « *EL AMOR ES MAS FUERTE ! EL AMOR PUEDE MAS ! EL AMOR ES MAS FUERTE*[1] *!* » Jamais je n'oublierai l'intensité de cette parole qui a sonné la fin de la vague de violence.

Cette visite du pape m'a plongé dans le drame que vit le Chili, et m'a engagé personnellement dans l'appel à la réconciliation entre les riches et les pauvres. La liberté intérieure avec laquelle Jean-Paul II a dit la vérité m'a profondément enseigné. Il s'est donné totalement. Il n'a pas attiré les regards vers lui, mais vers Dieu, si bien qu'en repartant, il n'a pas laissé le Chili vide. Au contraire, le pape l'a éveillé à une présence vivante. C'est un peu comme si Dieu avait visité son peuple.

Ma route a été fortifiée par la visite de ce pèlerin empli de vie. Cette rencontre avec Jean-Paul II m'a fait expérimenter un lien fort avec lui, au point de me sentir l'un de ses fils spirituels. Il a été pour moi un père dont la parole m'a nourri, constitué et conforté. Encore aujourd'hui, il m'inspire par sa liberté intérieure étonnante et sa force d'âme irriguée par sa foi. Sa foi ne l'éloigne pas du monde, au contraire. Son amour du monde le pousse à agir concrètement, avec

---

1. « L'amour est plus fort ! L'amour peut plus ! L'amour est plus fort ! »

courage, pour faire évoluer les situations bloquées, comme il l'a montré en Pologne ou au Chili. Ce lien entre la foi et l'engagement concret dans le monde est ce qui m'anime profondément.

APPRENDRE À ÊTRE ET À AIMER

Cette période de volontariat de deux années a été pour moi une école de formation. À HEC, j'avais appris des techniques de business et de management. Ici au Chili, au contact des personnes démunies, j'ai appris à mieux me connaître, à sortir de ma zone de confort et à aimer le monde tel qu'il est. En explorant des sentiers inconnus de mon être, je découvre peu à peu que je peux exercer un rôle dans la société, qui n'est pas juste de suivre une carrière tracée. C'est l'occasion également d'approfondir ma foi comme une relation vivante à Jésus Christ. Jésus devient pour moi un ami, un frère et aussi le maître que je souhaite suivre pour ma vie. C'est lui le chemin de la liberté intérieure et de l'intensité d'amour pour les autres auquel j'aspire pour ma propre vie, au-delà de mes faiblesses.

C'est au Chili que je fais le choix de cheminer plus régulièrement avec Fondacio, la communauté chrétienne qui a permis à mes parents de renouveler leur relation de couple et leur foi. J'avais découvert Fondacio en les accompagnant à cette rencontre de Louvain-la-Neuve, lors de laquelle ce groupe de Chiliens, riches et pauvres, ensemble, m'avait tant touché.

Au cours de cette période de volontariat, la préparation d'un week-end appelé *Vers une vie nouvelle* m'a remué. Cette session-retraite annonce qu'il est possible aujourd'hui, pour chacun, de renouveler sa vie. Par mes propres forces, je constate que je ne peux pas changer le monde ni atteindre une plénitude de bonheur qui puisse me combler. Je suis en effet sans cesse confronté à mes limites et mes faiblesses. Mais je peux faire l'expérience d'être aimé inconditionnellement par un autre qui est l'Amour sans limite, qui a le pouvoir de libérer la vie en moi et peut non seulement accueillir mes faiblesses et les ratés de ma vie, mais me pardonner totalement. Il peut le faire car il a aimé le monde jusqu'au bout, jusqu'à accepter d'être tué par ceux qu'il est venu aimer. Et ce qui est extraordinaire, c'est qu'il a vaincu la mort. Il est ressuscité. Par sa résurrection, tout devient donc possible. Il peut guérir les blessures les plus profondes. Il peut terrasser le mal. Il peut m'aimer là où je ne m'aime pas. Il peut changer mon cœur. Ayant vaincu le mal, il peut aussi sauver le monde. En rendant mon cœur léger et en me montrant le chemin de l'amour et de la lumière, cet autre m'ouvre la porte du vrai bonheur. Cet autre, je le reconnais en la personne de Jésus Christ.

Cheminer avec Fondacio a signifié pour moi apprendre petit à petit à accueillir l'amour du Christ et me laisser transformer par lui jusque dans les profondeurs de mon être. Je dirais que ce chemin a commencé de manière consciente au Chili, mais qu'il n'est jamais terminé. Il continue aujourd'hui et l'écriture de ce livre fait partie de ce mouvement.

Un deuxième week-end appelé *Construire un monde nouveau* suit le premier. Il vise à aider les participants à trouver un sens à leur existence. Par ma vie d'aujourd'hui, quel monde suis-je en train de construire ? Un monde fondé sur le pouvoir, l'avoir, où tout se gaspille sans limite, sans prendre en compte l'autre, ou un monde harmonieux, visant l'épanouissement de chacun avec une attention particulière aux plus fragiles ? Comment construire ce monde nouveau ? Dans le langage chrétien, le monde nouveau n'est autre que le « Royaume de Dieu, la Jérusalem céleste descendue du ciel » (Apocalypse, chapitre 21, verset 10). C'est le monde tel que Dieu le souhaite, le monde restauré par l'amour.

Participer à la préparation des jeux scéniques lors de cette session a constitué une expérience particulière. Au début, je me suis lancé dans un rôle qu'on m'avait attribué. Cela a été un échec total. J'étais bloqué dans mes mouvements. Les autres riaient, tant j'étais ridicule. Je me croyais incapable de monter sur scène. L'un des animateurs, Francisco, m'a proposé de poursuivre la répétition. « Tu crois vraiment que je suis capable de jouer un rôle ? », lui dis-je. « Oui, je le crois. J'ai confiance en toi », m'a-t-il répondu. Ce jour-là, cet ami a contribué à me recréer. Devant 300 personnes, je me sentais soudainement libre et détendu dans mon rôle. Je n'étais pas là par volontarisme ni à cause d'un don particulier d'expression, mais parce qu'un autre m'avait mis debout.

Dans cette période d'immersion au Chili, la Communauté Santa Ana, le centre de réhabilitation de jeunes drogués dont je vous ai déjà parlé, continue d'être de plus en plus pour moi un lieu de vie. Quand je vais là-bas, j'ai l'impression d'arriver dans ma famille.

Mon contact avec les jeunes qui veulent se libérer de la drogue est simple et parfois déconcertant, parce que je n'y vais pas pour une mission spéciale. Je n'y « fais » aucune activité pour les jeunes. Je suis avec eux, un parmi eux. Avec l'un, je pars chercher l'eau potable à 1 kilomètre de la maison ou je cultive le jardin. Un autre me réveille à 6 heures du matin pour m'apprendre à faire le pain. Avec eux, je joue aux cartes, je chante ou je m'assieds à l'ombre d'un arbre pour écouter celui qui a besoin de parler.

À chacun de mes séjours dans ce lieu, je m'émerveille de l'honnêteté et de l'humilité des jeunes que je rencontre. Ils me montrent leur vie telle qu'elle est, en totale transparence, avec leurs difficultés et leur volonté de s'en sortir. Par leur vérité sur eux-mêmes et entre eux, ils m'enseignent ce qu'est la vraie communauté. Ils n'ont rien à eux. Ils mettent tout en commun. Chacun est responsable d'un service particulier de la maison : cuisine, ménage, jardin, achats, vaisselle… Ils s'aiment comme des frères.

À chaque fois, je suis saisi par l'espérance qui jaillit des ténèbres. La plupart de ces jeunes ont vécu toute leur existence dans la rue, dormant sous des ponts ou sur des cartons. L'un d'entre eux, Edwin, me disait : « J'ai beaucoup souffert du froid la nuit. Pendant quinze ans, j'ai dormi en ayant le sol comme matelas et le ciel comme couverture. » Un jour est arrivé un jeune de 19 ans, Miguel. Il était encore sous l'effet de la drogue, les yeux vagues, sans vie. Il marchait, courbé, craintif, le regard contre terre. Il était sale, pas rasé et plein de poux. Je croyais voir arriver un animal. Et quinze jours après, revenant à la Communauté, j'entends soudain : « Hello Hubert ! Comment vas-tu ? » Je revois encore ce même Miguel debout, souriant et plein de vie, le regard lumineux. Il s'était retrouvé dans le meilleur de lui-même.

Cette expérience me fait découvrir à quel point le mal n'est pas une fatalité. Pour celui qui ose demander de l'aide, renaître de nouveau, retrouver son vrai visage, est possible. Pas seulement pour un jeune drogué, mais pour chacun d'entre nous. J'en ai fait moi-même l'expérience. Aujourd'hui, ces témoignages continuent de nourrir mon espérance dans les difficultés de la vie et de l'entreprise.

Je perçois une bombe d'espérance en voyant tous ces jeunes, pleins de feu et d'amour, complètement libres et disponibles, qui expérimentent d'être aimés au cœur de leur faiblesse. J'ai parfois l'image d'une communauté de lumière qui confond le monde : le plus marginal, le plus rejeté de la société libère une voie pour beaucoup d'autres. Celui qui se retrouve à la rue n'a rien à perdre. Il valorise ce que veut dire être aimé, être pardonné car il a perdu tout le reste. Il vient me montrer le piège des attachements à l'apparence, à l'ego qui n'est que le reflet d'un manque de confiance en l'amour. Je rêve qu'un jour, les réunions d'équipe dans les entreprises et les discours politiques puissent manifester cette même transparence du regard et cet amour qui jaillit des entrailles. Ces jeunes me montrent la voie de la vraie liberté qui ne cherche que l'essentiel : aimer. Le reste passe et sera balayé au fil du temps comme la rouille sur la peinture. Aujourd'hui, au cœur de mes responsabilités, cette quête de liberté intérieure est toujours présente en moi. Je cherche à construire ma vie sur l'essentiel. Mais les attachements du pouvoir et de l'argent viennent me révéler sans cesse la rudesse du chemin. Alors, quand je me sens chargé du poids de mes asservissements et de mes résistances au changement, je repense à l'élan de vie de ces jeunes qui ont tout perdu, mais qui m'ont transmis tant d'amour et d'espérance en étant simplement eux-mêmes. Leur témoignage m'engage.

Tout cela peut paraître très beau. Mais l'amour que j'ai ressenti pour ces jeunes m'a aussi fait découvrir la force du mal. Un jour, Carlos, un jeune dont j'étais proche, s'est enfui de la communauté. Le sevrage de la drogue était trop dur pour lui. Quand j'ai su que Carlos était sans doute retombé dans les réseaux qui le tiraient vers le bas, j'ai été profondément malheureux. Je ne pouvais admettre de le laisser tomber. J'ai demandé à Clara si je pouvais partir le chercher dans son bidonville. Clara m'a mis en garde car se rendre là-bas n'était pas sans danger. Elle m'a dit : « Tu peux y aller, Carlos a confiance en toi. Mais sache que celui que tu vas revoir, si tu le retrouves, ne sera peut-être pas le Carlos que tu as connu. » Je suis donc parti dans le quartier de *Pudahuel* à la recherche de Carlos.

Après avoir demandé plusieurs fois mon chemin et après avoir frappé à de nombreuses portes, j'ai vu au coin d'une rue un jeune allongé par terre, prostré, recroquevillé sur lui-même. Je me suis approché et j'ai reconnu péniblement Carlos. Il était sous l'effet de la drogue. Il avait été battu. Son visage était totalement tuméfié, avec son nez cassé. Il m'a reconnu, mais a refusé que je l'aide. Il ne voulait pas revenir à la communauté. J'ai essayé de le ramener à la raison, sans succès. De fait, je ne reconnaissais plus le Carlos avec lequel je m'étais lié d'amitié. J'ai constaté par cette expérience le pouvoir destructeur de la drogue. J'avais mal pour lui. Je suis reparti seul, démuni, impuissant, en pleurant de n'avoir pu sauver ce frère que j'avais aimé. J'ai découvert que s'engager, c'est aussi accepter l'échec.

Cette période correspond à la fin de ma période de coopération. Je suis censé repartir en France, et pourtant au fond de moi, je pressens que ma présence au Chili n'est pas achevée. Un nouvel appel m'attend…

Le constat de l'économie informelle

Durant deux années au sein du Banco del Desarrollo, Laurent et moi avons travaillé chacun sur des modèles de financement visant le développement social du Chili.

En créant Indes, la société de capital-risque du Banco, je rencontre des entrepreneurs qui veulent mettre en œuvre leurs projets, mais qui, n'ayant pas de garanties bancaires à proposer, ne peuvent pas obtenir de crédits traditionnels. Ils ont besoin d'apports en capitaux. Nous ne leur accordons donc pas de crédits, mais participons au capital de leur entreprise comme actionnaire minoritaire. Nous ne prenons aucune garantie matérielle. La seule garantie, c'est la personne qui présente le projet, sa personnalité, sa capacité d'entrepreneur, son expérience, sa motivation, la confiance qu'elle inspire. Nous misons d'abord sur la personne, en croyant en elle. Nous nous associons avec elle comme partenaire, d'égal à égal.

L'originalité de cette société consiste en sa vision de développement associé à une rentabilité. Le capital-risque à vocation sociale apparaît comme une solution intelligente pour financer des projets prometteurs portés par de jeunes ingénieurs ou entrepreneurs n'ayant pas accès au crédit bancaire traditionnel.

Je suis passionné par ce nouveau type d'instrument financier qui s'intéresse en priorité à la personne, l'argent se mettant ainsi au service de l'homme. Avec Raúl, qui est devenu mon patron chilien, nous avons pris un engagement de vérité entre nous. À la fin de chaque journée, nous partageons notre bilan, les points positifs et de progrès que nous avons identifiés chez soi et chez l'autre. Je découvre la chance de pouvoir établir ainsi une relation de confiance associant le cadre du travail et le développement personnel, en visant la progression de l'autre. Ces échanges m'ont fait progresser dans mon approche de la sélection des projets d'investissements. Au début, je recevais les demandes de projets, les étudiais et convoquais l'entrepreneur si le projet me plaisait. Avec le temps, j'ai compris que la force du projet réside beaucoup plus dans la qualité de l'entrepreneur que dans le dossier théorique du projet. Ainsi, j'ai mis en place un processus beaucoup plus efficace : quand une personne arrive avec son projet d'entreprise, je la rencontre immédiatement pour qu'elle m'expose son projet. J'écoute sa capacité d'entreprendre. Et selon mon évaluation de la personne, je passe du temps à analyser son projet ou pas.

Au fur et à mesure de la réception des projets, je me rends compte que le capital-risque ne permet pas de résoudre tous les besoins de financement des entreprises. En effet, dans un pays comme le Chili, de nombreuses micro-entreprises – des entreprises de 0 à 10 employés –, faisant partie de l'économie dite « informelle » et localisées dans les *poblaciones*, ne possèdent pas de biens immobiliers ni de comptabilité permettant de prendre des garanties bancaires. Elles n'ont pas non plus de statuts juridiques permettant de prendre des participations en capital. Ces toutes petites entreprises, rassemblant des fabricants de produits divers (vêtements, meubles...), des commerces de proximité installés dans les maisons, des vendeurs de rue ou de marché, ne peuvent donc obtenir ni prêts bancaires des banques ni capitaux d'une société de capital-risque comme Indes. Or, le Chili compte à l'époque près de 400 000 de ces micro-entreprises qui emploient près la moitié de la population active chilienne. Une part importante de l'économie du pays se trouve ainsi coupée du système bancaire.

Nous échangeons souvent avec Laurent qui, depuis le fameux entretien avec Domingo au Club de la Unión, a obtenu de pouvoir aller à la rencontre des micro-entrepreneurs informels sur le terrain pour comprendre leurs besoins et leurs réalités, afin d'explorer des innovations bancaires possibles pour les financer. Dans cette période, Laurent a rencontré un jeune *poblador*, Germán Lagos, employé administratif chez un agent de change à la Bourse de Santiago, qui habitait dans la *población* José Maria Caro, l'un des quartiers les plus défavorisés de Santiago. Germán lui a présenté plusieurs de ses voisins et amis, avec l'idée de lancer un projet de financement de micro-entrepreneurs. C'est ainsi que Laurent a accompagné le projet d'une amie de Germán, Marisol, en lui apportant un crédit pour l'achat d'une machine.

Laurent et moi étions préoccupés par l'incapacité du système bancaire traditionnel d'apporter des solutions de financement adaptées aux milliers d'entreprises des milieux défavorisés. Nous constations par ailleurs que les organisations caritatives « donnant » des prêts aux créateurs de projets entrepreneuriaux n'apportaient pas de solutions responsables pérennes au défi du développement. N'exigeant pas de remboursement des prêts accordés, les bénéficiaires profitaient de la situation ou se retrouvaient dans des situations de dépendance, voire de culpabilité de ne pas avoir pu rembourser leur crédit. De l'autre côté, les banques expliquaient qu'il était impossible de prêter aux entrepreneurs des quartiers pauvres : le taux de remboursement de ces crédits serait très faible et le montant des crédits accordés ne permettrait en aucun cas d'assurer une rentabilité pour la banque. Comment alors faire évoluer le système bancaire pour financer les entreprises des quartiers pauvres de manière responsable et rentable ?

L'économie au service de l'homme : la rencontre de Danilo

Alors que Laurent et moi réfléchissions chacun de notre côté à la manière dont l'entrepreneuriat peut faire sortir des personnes pauvres de la misère, une rencontre me marque, celle de Danilo, un jeune de 17 ans.

J'ai raconté précédemment la tristesse que j'avais ressentie à ne pas pouvoir ramener Carlos, l'un des jeunes résidents de la Communauté Santa Ana qui était redevenu dépendant de la drogue, à la raison. Il est retombé tellement bas qu'au fond de son désespoir, il est revenu quelques semaines au centre de réhabilitation, méconnaissable, en criant sa détresse et en demandant de l'aide. À force de courage et avec le secours de tous, Carlos a pu remonter la pente durant les mois qui ont suivi, au point de retrouver sa dignité de jeune homme responsable. C'est ainsi que j'ai eu la joie de pouvoir le raccompagner chez lui au bout de quelques mois, à la fin de son travail thérapeutique.

La famille de Carlos habite la *población* de Pudahuel, dans une maison de bois très simple, constituée de planches et d'un toit de tôles. Le sol est en terre. Dans la pièce principale, une télévision fait face à une table et quelques chaises. Et à côté, une autre pièce sert de chambre pour toute la famille. À l'extérieur de la maison, du linge est étendu dans une cour de terre sur un fil accroché à un arbre.

Carlos me présente sa famille. Je le regarde, fier de son chemin parcouru. Son nez cassé rappelle cependant ses errements de ces derniers mois.

Carlos a 19 ans. Il me présente son jeune frère de 17 ans, Danilo. Ses dents sont abîmées, mais son beau visage reflète l'élan de sa jeunesse. Je me présente et m'intéresse à sa vie. Danilo m'explique qu'il est le père d'une petite fille d'un an. Il élève seul sa fille chez ses parents. L'enfant est né d'une aventure affective qui n'a pas duré, et la jeune mère de l'enfant est instable. Elle vient de temps à autre voir sa fille, mais l'un et l'autre sont trop jeunes pour s'établir de manière indépendante. Pour acheter à sa fille le lait en poudre dont elle a besoin, Danilo fabrique des peignes en bois et les vend sur la *plaza de Armas* du centre de Santiago. Il n'a le temps de fabriquer que neuf peignes par jour avec son couteau. Ses ventes lui permettent à peine de nourrir son enfant, mais cela ne suffit pas à couvrir les dépenses de sa famille. De fait, la maison transpire la pauvreté. Pas de Frigidaire. Pas de beurre ni de jambon pour les repas.

De manière spontanée s'enclenche alors un échange. Je suis impressionné par la qualité de ces *peinetas*[1] en bois huilé. Je dis alors à Danilo :

– Quand tu es sur la place du marché, combien de temps te faut-il pour vendre tes peignes ?

– À peine une heure, me dit-il. À 10 heures du matin, je rentre car j'ai tout vendu.

Et moi de creuser le sujet avec lui :

– Tu pourrais donc en vendre beaucoup plus, n'est-ce pas ?

– Bien sûr, je pourrais en vendre cinquante par jour !

– Mais alors, pourquoi n'en fabriques-tu pas plus ?

---

1. Peignes.

– Parce que je n'ai pas le matériel nécessaire pour cela. Il me faudrait une scie électrique et un tour pour poncer les peignes. J'ai bien un oncle qui pourrait m'en prêter, mais je n'ai pas d'argent pour acheter suffisamment de bois et d'huile pour les fabriquer, donc je ne lui ai jamais demandé de me le prêter.

Je commence à faire quelques calculs avec un papier et un crayon. Je prends alors conscience qu'avec à peine l'équivalent de 20 euros pour acheter les matières premières et installer son petit atelier dans la cour de ses parents, Danilo pourrait multiplier ses revenus par cinq. Je m'engage alors à lui prêter cette somme, en prévoyant avec lui un plan de remboursement.

Trois semaines après, me voilà revenu à Pudahuel. Danilo m'accueille et me dit : « Hubert, viens voir ! » Il s'est construit un atelier de planches avec le tour électrique au fond de la cour, et il produit ses peignes. Danilo est rayonnant de joie et de fierté. J'en suis bouleversé.

Danilo m'a remboursé d'un bloc le montant du prêt. Il m'invite à partager le repas avec sa petite fille et sa famille. Je remarque sur la table du pain frais, du beurre et du jambon, avec du Coca-Cola, symbole d'une aisance nouvelle.

Je comprends alors qu'un simple crédit accordé dans la confiance avait bouleversé la vie de ce jeune artisan. Cela avait tout changé. Non seulement sa situation matérielle s'était améliorée, mais il s'était rétabli dans sa dignité. J'ai alors expérimenté combien l'économie, mise au service de la personne, participe au déploiement de ses bénéficiaires. Dans cet échange avec Danilo, mon moteur a été le souci du bien-être de sa fille et son épanouissement comme entrepreneur. Ce n'était pas l'appât du gain ni une quelconque quête de reconnaissance. J'ai vécu simplement l'appel de mon être, désirant le bien d'une autre personne. J'ai ressenti à ce moment-là une profonde unité de toute ma personne par laquelle l'entrepreneur, l'ami des pauvres et l'homme de foi étaient en parfaite harmonie. J'étais profondément heureux.

Je puise dans la rencontre de Danilo mon désir d'être un dirigeant qui cherche à agir avec et pour les autres.

L'inspiration de Muhammad Yunus

Dans cette période, Laurent et moi étions également en lien avec l'Ilades[1] créé par le père Pierre Bigo, un jésuite, spécialiste de la doctrine sociale de l'Église[2]. Un jour, lors d'un cours d'économie donné par le professeur Manfred Max-Neef[3], nous entendons parler de la Grameen Bank créée en 1976 au Bangladesh par le professeur Yunus. Muhammad Yunus est connu aujourd'hui comme le « banquier des pauvres » depuis qu'il reçut le prix Nobel de la paix en 2006, mais à l'époque – nous étions en 1988 –, son expérience était encore regardée avec suspicion par la Banque mondiale et les autres organismes internationaux. À l'évocation du modèle de la Grameen Bank, une lumière s'est allumée en nous. Le génie du professeur Yunus est d'avoir substitué la garantie matérielle habituellement exigée par les banques par la caution mutuelle d'un groupe de clients solidaires entre eux, tout en adaptant le rythme des remboursements des prêts à la réalité économique de ces micro-entrepreneurs. La force

---

1. Institut latino-américain de doctrines et études sociales.
2. Le P. Bigo a été également expert auprès de deux conférences des évêques latino-américains à Medellín et à Puebla.
3. Économiste chilien connu pour son modèle de développement humain basé sur les besoins humains fondamentaux.

et la confiance générées au sein du groupe pallient la faiblesse individuelle de ses membres.

Le principe est simple : un entrepreneur souhaite recevoir un crédit ; il rassemble autour de lui d'autres entrepreneurs ayant également besoin d'un crédit. Le groupe d'entrepreneurs reçoit une formation à l'épargne et à la gestion d'entreprise. En parallèle, chacun épargne durant quelques semaines un montant faible, mais qui, en cumul des autres membres du groupe, permet d'assurer une garantie solidaire du groupe. Chaque membre du groupe reçoit un crédit et est coresponsable de celui des autres. En cas de défaut de l'un d'entre eux, le groupe puisera dans l'épargne solidaire collectée. Dans la mesure où tous les membres du groupe sont à jour dans le remboursement de leur crédit, celui qui a remboursé peut obtenir un nouveau crédit plus important de la banque.

Laurent a étudié le fonctionnement de la Grameen Bank et a écrit à Muhammad Yunus, qui lui a répondu personnellement. Le contenu de la lettre a non seulement marqué son fort intérêt pour la création d'une telle banque au Chili, mais a rejoint également nos convictions profondes.

Je puise souvent de la force et de la cohérence dans cette lettre du 15 octobre 1988, dont je cite l'un des passages :

> Je pense qu'il y a quelque part un lien fort entre ce que vous êtes et ce que nous faisons dans la Grameen Bank. Physiquement nous sommes éloignés, mais spirituellement nous sommes très proches… Au sens traditionnel du terme, je ne pense pas que les gens verraient en moi une personne « religieuse »… Si quelque chose doit être identifié comme « religion » en moi, je crois que je dirais que c'est d'aider les gens, particulièrement les gens qui sont en bas de la pyramide sociale, c'est cela ma religion. Les

personnes m'intéressent et me fascinent énormément. Pour moi, chaque être humain est un trésor inexploré. La plupart d'entre eux, hommes ou femmes, demeurent inexplorés pour eux-mêmes ou pour elles-mêmes. Les sociétés ont créé barrières après barrières qui se dressent comme des obstacles géants sur le chemin de l'auto-exploration de son propre potentiel. Essayer d'enlever ces barrières pour aider les êtres humains à atteindre leur potentiel, voilà ma religion…

Confortés par cette lettre et nos expériences de crédits individuels dans les *poblaciones*, Laurent et moi avons poursuivi nos engagements respectifs : pour moi, mon engagement dans la Communauté Santa Ana et le financement de petites entreprises par l'apport de capital-risque ; pour Laurent, l'étude de création d'une banque de micro-entrepreneurs, en adaptant le modèle de la Grameen Bank à la situation du Chili.

Laurent a présenté ce projet au sein du Banco del Desarrollo en novembre 1988. L'idée était de créer un département autonome de microcrédits, afin d'adapter les principes bancaires aux besoins des plus démunis. Cela supposait d'installer des succursales dans la périphérie, à proximité de leur lieu de vie, et non dans le centre de Santiago, pour éviter qu'ils paient le bus pour rencontrer les chargés de clientèle de la banque. Le Banco a validé l'intérêt de ce projet, au point de proposer à Laurent de rester plus longtemps au Chili pour en prendre la responsabilité.

Pourtant, assez vite, Laurent comprend qu'il va être gêné par le cadre contraignant que la banque imposerait à un tel projet. Le Banco voulait créer rapidement une grosse structure en s'appuyant sur des crédits et subventions de la BID (Banque interaméricaine de développement). Les managers du Banco voulaient garder le contrôle du projet, sans associer les *pobladores* à sa création ni prendre le temps d'écouter leurs besoins. Par exemple, ils refusaient l'idée de remplacer les garanties matérielles par la confiance du groupe, ou de remplacer les remboursements mensuels des crédits par des remboursements hebdomadaires – car quand on vit avec peu, il est plus facile de rembourser 50 pesos par semaine que d'en mettre 200 de côté, sans y toucher jusqu'à la fin du mois. La volonté de donner aux micro-entrepreneurs un pouvoir d'orientation dans la stratégie et les décisions majeures de la banque est apparue incompatible avec les principes du Banco.

Laurent a pris acte de cette situation de fait et a renoncé à ce moment-là au projet tel que formulé par le Banco del Desarrollo.

Quand Laurent m'a expliqué cette situation, je me souviens avoir ressenti une colère devant l'incompréhension du Banco et un désarroi devant la décision de Laurent, tout en la comprenant. J'ai alors dit à Laurent : « Mais ce n'est pas possible d'abandonner ce projet ! N'y aurait-il pas une autre voie pour concrétiser ce projet, non pas par le Banco, mais par l'audace de la foi en suivant Dieu ? »

La vision de la « banque des pobladores »

Au fil des conversations, nos aspirations se sont rejointes. Il nous est apparu peu à peu que ce projet de banques des *pobladores* pourrait être l'application concrète du cheminement humain et spirituel que nous vivions au sein de Fondacio au Chili. Avec d'autres jeunes professionnels chiliens, inspirés par Jean-Michel Rousseau, économiste et fondateur de Fondacio (qui s'appelait à l'époque Fondations pour un monde nouveau), nous avons constitué un groupe de réflexion et de partage appelé Groupe jeunes économistes, puis renommé de façon informelle Ecolocos[1]. Nous voulions vivre en unité notre foi, notre goût pour l'entreprise et notre engagement pour les pauvres. Jusqu'à présent, je vivais ces trois aspects de ma vie de manière séparée : ma vie professionnelle au sein du Banco del Desarrollo, ma vie chrétienne au sein de la communauté des jeunes de Fondacio et le lien avec ceux qui sont rejetés par la société à Santa Ana. Lors d'une rencontre du Groupe jeunes économistes, j'ai pu exprimer aux autres, puis à Dieu dans un temps de prière en commun, mon tiraillement de me sentir divisé. Il m'a alors été donné de croire intérieurement en la possibilité de rassembler tout ce que je suis : Hubert, compagnon du Christ, homme d'entreprise et ami de ceux qui sont exclus. Dans ce lieu intérieur d'unification possible, ce que je suis et ce que je fais seraient « un ». J'ai alors accueilli la vision d'une entreprise au service des personnes pauvres, créée avec elles et dont le cœur serait une communauté fraternelle. Je ne savais pas encore comment mettre en œuvre ce projet. Je savais que cela commencerait en me laissant habiter par cette vision intérieure et en demandant à l'Esprit Saint de me montrer le chemin.

Portés par nos réflexions au sein de Fondacio et par nos propres expériences de rencontres dans les quartiers défavorisés de Santiago, Laurent et moi avons formulé un désir de construire ce projet ensemble, à deux, en y associant Germán et d'autres. Nous avons alors longtemps dialogué pour décrire la vision du projet de banque des *pobladores* que nous portions en nous dans ces termes :

1. Les « économistes fous ».

L'objectif du projet serait de permettre aux plus pauvres d'améliorer leurs conditions de vie par l'octroi de crédits destinés à des investissements productifs. Mais ce projet serait beaucoup plus qu'une banque. Ce serait une communauté unissant des *pobladores*, des ingénieurs et des entrepreneurs voulant agir ensemble, permettant ainsi de construire un pont entre des mondes séparés.

Cette entreprise ne serait pas autre chose que la prolongation des liens de respect et d'amitié qui unissent ses membres. Ceux-ci s'engagent à se faire confiance mutuellement, à être ouverts à la nouveauté, à ne pas agir selon leurs propres intérêts et schémas, mais à mettre leurs capacités professionnelles au service du renouveau de la société, en œuvrant pour le bien commun. Cherchant cela, les membres de l'entreprise pourront expérimenter le travail comme un lieu d'unification de leur personne, leur permettant de vivre en unité leurs convictions, leur motivation et leur action. Ce sera une école où chacun pourra apprendre à réconcilier en lui l'« être » et le « faire ».

Nous voulons construire une banque d'un type nouveau, qui ne copie pas les modèles financiers traditionnels, mais qui se crée au fur et à mesure des intuitions intérieures qui nous seront données, en osant sortir de nos habitudes. Pour cette raison, cette entreprise ne peut pas être enfermée dans une structure qui l'obligerait à suivre un modèle de banque déjà connu.

Nous devrons notamment éviter le piège de vouloir devenir grands, importants, ou de nous précipiter pour croître rapidement. L'essentiel sera de nous mettre à l'écoute des *pobladores* pour qu'ils nous montrent le chemin qui répondra le mieux à leur besoin, et que ce projet soit « leur » banque, avec des racines solides car enracinées dans le réel de la vie des habitants de ces quartiers pauvres. Le projet sera ambitieux et modeste à la fois. Ambitieux car il cherche à montrer qu'un autre mode d'entreprise est possible tout en étant rentable pour assurer sa pérennité. Modeste car il faudra créer un modèle de banque adapté à la réalité des quartiers pauvres au fur et à mesure des expériences vécues.

À ce moment-là, ce projet représentait une telle aspiration profonde que je le recevais comme la concrétisation d'un appel de Dieu pour moi. Ce que je ne savais pas, c'est quand, comment et avec qui il se ferait.

Face à un dilemme : les moyens financiers sans liberté, ou la liberté sans argent ?

Quand le projet d'une « banque des pauvres » porté par une vision participative et spirituelle indépendante du Banco a émergé de nos échanges, nous avons été rapidement confrontés à la folie de ce que nous voulions entreprendre. Nous n'avions en effet aucun moyen financier pour bâtir une telle banque de microcrédits.

Nous étions soumis à un dilemme terrible. Ou nous cherchions à revenir vers le Banco pour bénéficier de ses moyens financiers très importants, en négociant à la marge les conditions contraignantes fixées, mais en acceptant que ce ne soit pas « notre » projet, ou bien nous nous lancions à l'aventure pour créer cette banque de microcrédits avec les *pobladores*, et au rythme d'un appel spirituel, mais nous perdions notre salaire et n'avions pas l'argent pour commencer.

Nous avons décidé alors avec Laurent que chacun d'entre nous repartirait réfléchir de son côté, lui en France et moi en restant quelques semaines au Chili, et que notre réponse devait être indépendante l'une de l'autre. Si nos réponses convergeaient en un « oui » à lancer ce projet de manière autonome, nous le créerions ensemble et si ce n'était pas le cas, chacun prendrait ses responsabilités pour le mener seul ou pas du tout. Ce choix n'était pas neutre pour moi car après deux années de coopération, décider de repartir pour ce projet de banque des *pobladores* signifiait m'engager pour plusieurs années, peut-être cinq ou dix, avec toutes les conséquences que cela peut avoir pour la vie d'un jeune de 24 ans.

Laurent est rentré en France. Pour ma part, je suis parti sac au dos dans le sud du Chili, avec une amie dont j'étais proche, Véronique. Je n'avais que 30 euros en poche pour un voyage d'une quinzaine de jours. Nous logions dans les fermes, échangeant le logement contre quelques travaux, mais le plus souvent, nous étions accueillis gratuitement chez l'habitant.

Nous avons passé plus d'une semaine au bout de l'île de Chiloé, en accompagnant le padre José Mairlot, un prêtre missionnaire belge d'une soixantaine d'années, qui a consacré sa vie pour les habitants des îles de l'archipel de Chiloé. De ce prêtre émanait une humilité et un amour incroyables pour le Christ et les plus démunis. Nous avons partagé durant ce séjour la vie d'un saint. Sa paroisse était constituée d'une quarantaine d'îles qu'il rejoignait en bateau, parfois dans la houle, les vagues et le froid. De ce fait, nous avons participé à sept messes de Noël, à chaque fois sur une île différente ! Les horaires des marées étant variables, nous ne maîtrisions pas l'heure de nos arrivées. Je me souviens d'une brave dame arrivant auprès du padre José à notre accostage à midi, alors que tous les habitants attendaient la messe depuis deux heures. Elle dit au padre : « Le mois prochain, à quelle heure sera la messe de 10 heures ? » En préparant la messe, le padre José me dit : « Comme je ne viens ici qu'une fois par mois, beaucoup de gens veulent se confesser, donc c'est toi qui feras le sermon après la lecture de l'Évangile ! Et me voilà embauché comme prêcheur, en plus en espagnol ! Je ne savais déjà pas trop comment gérer la situation, mais ce que je n'avais pas prévu, c'est que j'allais devoir parler pendant plus d'une heure, le temps que le padre José entende toutes les confessions ! »

Au-delà de l'aspect cocasse de la situation, j'ai vécu auprès du padre José une profonde expérience spirituelle. Laurent avait renoncé à mener le projet au sein du Banco et était reparti en France. Je ne savais pas s'il reviendrait au Chili. Par ailleurs, le Banco del Desarrollo avait décidé de mettre en place le projet de banque de microcrédits avec l'appui de la Banque interaméricaine de développement (BID) quoi qu'il arrive. De mon côté, je mesurais ce que signifiait renoncer aux moyens financiers de la banque. Cette aisance assurerait au projet un avenir prometteur et un fort impact, même si les contraintes associées dénatureraient sa dimension participative et spirituelle. L'alternative était de commencer le projet de banque des *pobladores*, tel qu'il était dans mon cœur, libre de suivre l'Esprit, mais sans moyens financiers. Cela signifiait accepter la pauvreté, la petitesse et l'incertitude. J'étais tiraillé. Au cœur de ce choix, je me démenais entre plusieurs tentations. D'un côté, j'étais attiré par la recherche de sécurité et de confort… Revenir vers le Banco pour mener ce projet serait beaucoup plus sûr et cohérent dans une optique de carrière, d'autant que le Crédit agricole en était actionnaire. Et nous n'aurions pas besoin de nous préoccuper des ressources financières, que ce soit pour nos salaires ou pour les crédits à accorder aux micro-entreprises. De l'autre côté, j'étais attiré par quelque chose de l'ordre d'un appel intérieur à agir avec les personnes du bas de la pyramide. Mais j'avais du mal à m'imaginer créer un « petit » projet, qui pourrait paraître insignifiant en comparaison de ceux des banques. J'associais la petitesse à un manque d'ambition. Par ailleurs, une voix me disait : « N'es-tu pas orgueilleux de penser que tu peux mener ce projet de banque par toi-même ? Tu devrais abandonner, ce n'est pas raisonnable. » Mais cette option ne me laissait pas tranquille. L'idée de repartir en France en laissant tout tomber ne m'apportait aucune paix ni aucun bonheur. J'expérimentais ce que saint Ignace appelle la « désolation ». Je ne voyais plus comment avancer. Je me sentais perdu, aveugle et seul dans mon désarroi.

C'est alors qu'au cours de l'une des messes de la Nativité du padre José, j'ai été perturbé par le message de Noël. J'entendais que le peuple d'Israël attendait un Messie qui serait le roi des Juifs. Ils attendaient un roi puissant, susceptible de vaincre l'oppresseur romain et de restaurer la royauté d'Israël. Un roi, d'habitude, naît dans un palais, riche, et orné d'or. J'entends alors que ce roi d'Israël a pris le visage d'un enfant pauvre, né de parents qui n'ont même pas trouvé de place dans une auberge, et dont la mère a dû accoucher dans une étable, au milieu des bergers rejetés par la société de l'époque. M'est venue alors cette réflexion : « Pourquoi Dieu, *a priori* tout-puissant puisqu'il a créé le monde, a-t-il choisi de naître comme un pauvre, plutôt que comme un roi puissant ? Pourquoi a-t-il choisi la petitesse ? » Durant plusieurs messes, je me laissais travailler intérieurement par ce récit et contemplais ce mystère. Sans que cela passe par mon intelligence, je ressentais une émotion intérieure, comme une promesse qui naissait en moi. C'était une voix différente de celle qui me décourageait. Cette voix était intime, discrète, douce et me disait : « Et si tu osais croire que c'est moi, ce même Dieu que celui qui est né dans une étable, qui t'appelle à me suivre en créant cette banque dans les bidonvilles ? Et si tu osais me faire confiance ? » Je me débattais. Je voulais y croire, mais n'osais pas faire le pas. Et puis un jour, encore à une autre messe, j'ai lâché prise. Des larmes de libération m'ont submergé. J'ai ressenti l'amour de Dieu qui m'entourait et me disait : « N'aie pas peur, je t'aime, je suis avec toi. » Et alors j'ai dit « oui ». « Oui » à renoncer au projet puissant de la banque, qui ne correspondait pas à l'appel de mon être. Et « oui » à construire ce projet de banque des *pobladores* en me mettant à l'école de l'Esprit Saint, avec les habitants des quartiers défavorisés et en me laissant guider par eux. Une joie immense m'a saisi. J'étais libre, libéré, heureux.

Véronique de son côté a vécu une libération similaire, d'une autre nature. Elle était déjà une fille pleine de vie, qui avait beaucoup de succès amicaux, mais quelque chose lui manquait. Elle me disait : « Je ne ressens rien en ce jour de Noël. Je n'arrive pas à trouver le sens de ma vie. » Je me souviens lui avoir dit, sans trop réfléchir : « Tu sais, Noël, ce n'est pas forcément une journée précise, c'est une période qui peut durer plusieurs jours, et qui sait, c'est peut-être plus tard que tu vas recevoir un cadeau de Noël de Dieu. » Quelques jours plus tard, le lendemain de notre retour à Santiago, Véronique m'appelle et me dit : « Hubert, tu ne pourras jamais imaginer ce qui m'arrive. Quelque chose s'est débloqué en moi et Dieu est entré dans mon cœur avec une telle intensité que je suis littéralement amoureuse de lui. » Véronique est entrée au carmel de Santiago, puis quelques années après, dans le nord de la France comme religieuse carmélite. Cela fait 30 ans maintenant qu'elle a choisi l'amour de Dieu et qu'elle en rayonne de fidélité dans les joies et les combats de cette vocation particulière.

Le padre José a continué sa mission auprès des Chilotes[1]. Plusieurs jeunes Européens ont été marqués par son rayonnement dans la simplicité comme j'ai pu l'être moi-même. Il est mort en 2012. Les habitants de Chiloé commémorent chaque année sa mort comme celle d'un saint venu les accompagner durant près de 60 ans.

Quant à moi, j'ai pris la décision de rester au Chili pour une période indéterminée afin de répondre à cet appel à suivre le Christ dans la construction de cette banque des *pobladores*.

Je me souviens avoir eu du mal à expliquer rationnellement cette décision autour de moi. C'était un nouvel appel intérieur, une certitude qu'en revenant au Chili, ma vie prenait plus son sens. Parfois, je me trouvais complètement fou et prenais peur, d'autant que je ne savais pas combien de temps j'allais rester dans ce pays lointain. Je savais que ce ne serait pas toujours facile. Mais c'était comme si je suivais une petite lumière, une étoile plus lumineuse que les autres, et je ne pouvais y résister : elle semblait m'indiquer où était le trésor de ma vie.

Parti pour 18 mois de coopération, je suis resté sept années au Chili finalement !

Pourquoi le Chili ? Parce que ce peuple de petits et humbles suscite l'amour en moi et me fait découvrir mon vrai visage.

Cela fait longtemps que je ressens en moi l'appel à servir celui qui n'a plus rien et la joie que je reçois quand je me donne à lui. À New York déjà, en 1985, j'avais été saisi par le don d'aimer que transmettaient les petites sœurs de Mère Teresa, mais je ne voyais pas comment incorporer ma

1. Les habitants de l'île de Chiloé.

passion pour l'économie et l'entreprise à mon désir de me donner. Puis ces dernières années, je ne comprenais pas très bien le lien que je vivais entre mon action dans la société de capital-risque du Banco del Desarrollo, mon cheminement au sein de la communauté chrétienne Fondacio et mes relations d'amitié avec les jeunes « ex-drogués » de la Communauté Santa Ana. Aujourd'hui, je reçois à travers cette initiative de banque de microcrédits cette unité en moi. Je ne me sens plus dispersé ni tiraillé comme dans le passé. Je ressens une paix et une détente intérieures qui me propulsent en avant.

L'appel à travailler pour le projet est d'être moi-même avant de « faire » des choses, et ainsi de recevoir ma vie des exclus, du monde, de Dieu. Je suis passionné par le défi d'essayer d'ouvrir avec d'autres une voie nouvelle : permettre aux personnes les plus pauvres de se mettre debout dans leur dignité au nom de l'amour, non pas en pratiquant la charité, mais au moyen d'une entreprise qui vise une excellence professionnelle. Je dis « essayer » car je sais bien que c'est une marche sur une ligne de crête. En même temps, qu'est-ce que je risque à tenter ? Cela me brûle intérieurement. Et si je ne risque pas maintenant, quand le ferai-je ?

Oserai-je le dire ? Au-delà du projet, ce qui m'attire, c'est Dieu, c'est suivre le Christ. C'est bien là le risque suprême, le choix essentiel : croire en lui. Aller là où il m'emmènera, là où je n'irais pas par moi-même. Jour après jour, me laisser aimer par son amour inconditionnel. Apprendre à me laisser aimer pour oser aimer à mon tour ! Le programme d'une vie !

J'ai ainsi abandonné à Dieu mes peurs pour ma carrière, ma vie affective et ma sécurité financière, la peur de décevoir les attentes de mes proches et la peur d'échouer aussi. Je ne savais pas ce qui allait arriver, ni comment lancer ce projet, mais j'avais trouvé la paix et la joie de le commencer à partir de rien. Je me suis rarement senti aussi libre de créer ma vie. Je m'appuyais sur l'appel de Dieu et la foi qu'il avait mise en mon cœur.

LES DÉBUTS DE LA BANQUE CONTIGO

Après cette décision de rester au Chili pour un temps indéterminé, je reviens en France quelques jours pour revoir ma famille. J'appelle Laurent pour lui demander où il en est dans son choix. À ma grande joie, Laurent me dit qu'il est disposé à revenir au Chili pour créer ce projet, à condition que ce soit en faisant équipe avec moi. C'est ainsi que nous avons décidé de fonder notre projet de banque de manière indépendante du Banco del Desarrollo.

Nous voilà partis pour l'aventure ! La première étape est de trouver les fonds permettant de lancer l'expérience pilote de ce projet de microcrédits. Nous devions trouver un million de francs de l'époque, soit environ 150 000 euros, ce qui, avec notre salaire de coopérants humanitaires de 200 euros par mois, semblait une somme énorme pour nous !

Nous nous étions donné quatre mois pour trouver ce financement, soit jusqu'à fin avril 1989.

La rencontre de Kaki Genton

Denis Gallet, cet ami de mes parents qui était une sorte de « parrain » depuis qu'il nous avait permis de partir au Chili, propose d'organiser une soirée de présentation de notre projet chez lui à Saint-Germain-en-Laye.

Je n'oublierai jamais cette soirée du 3 janvier 1989.

Une vingtaine de dirigeants d'entreprise et de banques sont présents. Laurent et moi débutons la soirée en donnant le témoignage de notre expérience au Chili et de la découverte du modèle de la Grameen Bank de Muhammad Yunus. Nous expliquons notre appel à retourner au Chili, puis Laurent présente le *business plan* du projet de microcrédits. En conclusion de notre présentation, nous disons simplement : « Nous avons moins de 25 ans, nous sommes jeunes et pleins d'élan et sommes prêts à donner plusieurs années de notre vie pour créer cette banque pour et avec les *pobladores*. En revanche, nous n'avons pas d'argent. Vous, vous avez de l'argent, mais vos responsabilités ne vous permettent pas de donner de votre temps et de vous consacrer aux personnes démunies. Alors nous vous proposons un *deal* simple : nous donnons notre temps, une partie de notre vie, et vous apportez votre argent pour que ce projet devienne réalité. »

Encore pétrifiés par notre propre audace, au point de nous demander si nous ne sommes pas fous, nous constatons un grand silence dans la salle. Nous entendons les mouches voler. Soudain, une main se lève. Un homme à l'allure grandiose se met à parler, d'une voix majestueuse et quelque peu impressionnante. Laurent l'a déjà rencontré par l'intermédiaire d'amis chiliens communs, mais je ne le connais pas. Il dit : « Merci pour votre projet, c'est très clair. Mais vous n'avez pas dit précisément de combien d'argent vous avez besoin. » Alors nous nous risquons à répondre : « Un million ! », cet homme reprend avec force : « Un million de francs ou un million de dollars ? » Denis s'agite en nous tapant discrètement du coude : « Dites un million de dollars ! » Mais en vérité, dans un premier temps, un million de francs[1] nous suffisent pour engager le projet, et c'est déjà beaucoup à nos yeux. Nous répondons alors : « Un million de francs. » L'homme paraît satisfait de la réponse et se tait. Nous continuons alors notre présentation. La salle applaudit et les gens commencent à partir, en nous remerciant. Tous s'en vont les uns après les autres. Je me dis dans ma tête : « C'est raté, ils n'ont pas compris que nous les appelions à nous aider financièrement. » Tous s'en vont les uns après les autres, sauf un, le grand homme qui a posé la question. Il s'approche de nous. Sa stature est imposante. Il paraît extrêmement sûr de lui. Il prend alors la parole et se présente : « Je m'appelle Joseph-Camille Genton, mes amis m'appellent Kaki. Je suis P.-D. G. de l'Omnium financier de Paris, et directeur financier du groupe Total, qui s'appelait la Compagnie française du pétrole – CFP – à l'époque. J'aurais pu devenir numéro 1, mais je suis parti un an avec mon fils pour faire un tour du monde quand j'avais 49 ans et on ne me l'a pas pardonné. J'ai 65 ans, je vais bientôt être à la retraite et je cherche dans quel projet m'engager pour la suite. Et ce soir, j'ai trouvé. C'est avec vous ! Vous n'avez pas besoin de passer quatre mois à chercher des financements, vous pouvez repartir à la fin de la semaine au Chili, considérez votre problème financier comme résolu ! »

Laurent et moi écoutons cet homme et n'en croyons pas nos oreilles. Je me dis en moi-même : « Il s'enthousiasme, mais ne t'excite pas trop car si cela se trouve, ce n'est qu'un rêve. »

Pendant que ces pensées brumeuses me traversent, ce monsieur Genton reprend : « Je dois associer à cette décision mon fils Philippe qui est mon seul héritier. Je vous propose

1. Environ 150 000 euros.

de nous retrouver à mon bureau rue Michel-Ange dans le quartier d'Auteuil à Paris, et nous déjeunerons ensemble. »

Quelques jours plus tard, nous arrivons au siège du bureau de Joseph-Camille Genton. Puis nous partons au restaurant, en présence de son fils Philippe.

Nous commençons par remercier notre hôte en lui disant : « Si vraiment vous voulez nous aider financièrement, sachez que ce sera très apprécié… » Et voilà qu'il tape du poing sur la table, avec une telle force que les verres se mettent à trembler. Il nous dit : « Mais bien sûr que je veux vous aider ! J'en ai parlé avec mon fils qui est d'accord pour que nous apportions ce financement nous-mêmes, et donc c'est décidé. Repartez au Chili d'ici quelques jours. J'apporterai au fur et à mesure le million de francs nécessaire au lancement du projet ! »

Nous étions saisis de stupeur. Je n'en croyais pas mes oreilles ! N'était-ce pas un signe d'encouragement pour nous ? Fallait-il y voir une réponse de Dieu à notre besoin ? Il est toujours délicat de « faire parler Dieu » quand il répond à notre attente et cela est encore plus difficile quand il n'y répond pas. Je crois en revanche que nous ne sommes pas seuls sur le chemin, dans les joies et les difficultés, et que parfois nous faisons l'expérience d'une bienveillance qui nous accompagne. Ce jour-là, alors que nous avions prévu de rester quatre mois en France pour trouver les fonds nécessaires au lancement, nous avons accueilli dans la réponse si claire de ce dirigeant et de son fils la confirmation que nous devions concrétiser notre projet de banque de microcrédits.

Kaki Genton nous a fait toute une série de recommandations pour bien gérer notre trésorerie et commencer sérieusement le projet. Nous percevions son exigence, mais ne connaissions pas sa réputation ni ne savions à quel point cet homme était connu pour son professionnalisme, mais aussi pour son côté imposant. Plusieurs personnes nous ont dit plus tard combien il était craint, au point d'être surnommé le « Roi Soleil » chez Total. Sa biographie sur Internet explique que la trésorerie qu'il gérait avec son équipe financière dans les années 1970 était égale à la somme de la trésorerie des trois plus grandes banques françaises : Société générale, BNP et Crédit lyonnais. L'élan de notre jeunesse, notre appel à servir les pauvres et notre naïveté décomplexée l'avaient sans doute touché. Nous sommes ainsi repartis de ce déjeuner, portés par l'étonnement de cette rencontre.

Trois jours après – et non pas quatre mois après –, nous étions de retour au Chili !

Un crédit symbolique dans la rue

À peine revenus au Chili en ce mois de janvier 1989, Laurent et moi nous sommes mis au travail. Nous étions poussés à suivre l'appel intérieur que nous avions reçu, plutôt qu'à créer ce projet de manière intellectuelle et volontariste comme ceux que nous avions mis en place dans le Banco del Desarrollo. Bien que commençant par une page blanche, nous étions dans la confiance que les étapes de réalisation du projet nous seraient montrées pas à pas. La manière totalement imprévue dont s'était produite la rencontre de Kaki Genton était le signe qu'il nous fallait avoir foi en la « Providence ».

Dans cet esprit, pour que la totalité des fonds versés aillent bien au financement des microcrédits, nous avions décidé de ne pas alourdir les coûts opérationnels du projet par nos salaires. Nous avions proposé à un groupe de personnes, dont plusieurs amis, de « parrainer » notre action en versant chacune une petite somme de quelques francs tous les mois, qui mis bout à bout, permettait de financer nos dépenses de vie sur place.

Pendant plusieurs semaines, Laurent et moi nous retrouvions tous les matins pour échanger, réfléchir, travailler, prier, organiser les débuts du projet. Germán nous rejoignait de temps à autre, selon la disponibilité que lui laissait son travail. Son rôle a été très important car il désirait ardemment la création de cette banque. Il a été la voix des *pobladores* au milieu de nous. Ce temps de gestation a été fondateur. Assez rapidement, notre prière a porté sur la constitution de l'équipe du projet. Nous étions deux à temps plein. À titre personnel, je considérais qu'une véritable équipe devait comporter au minimum trois personnes, et si possible une fille pour compléter notre duo masculin.

Un groupe de jeunes Européens de l'école de formation de Fondacio était arrivé récemment à Santiago pour appliquer leur formation sur le terrain. Parmi ceux-ci, j'avais repéré Marianne Vandermeersch, une jeune économiste belge de 25 ans, diplômée en macroéconomie, qui avait travaillé à l'Institut de recherches économiques et sociales (Ires) de l'Université catholique de Louvain. Je me souviens avoir dit à Laurent : « Si tu en es d'accord, j'aimerais rencontrer Marianne pour la recruter. » Après un entretien en bonne et due forme sur une terrasse de café, Marianne a rejoint notre petite équipe. Marianne est pleine de feu et d'énergie, brûlée par l'amour de Dieu et de l'homme. Je me réjouissais de sa présence car elle apportait sa féminité et aussi une approche macroéconomique dans le projet. Je ne savais pas à ce moment-là où mon audace de proposer à Marianne de rejoindre notre aventure allait me mener…

Nous commencions tous les trois nos journées en demandant à Dieu de nous guider, puis en écoutant intérieurement les lumières que nous avions pour entreprendre ce projet de microcrédits. Assis par terre sur le tapis d'une pièce qui nous avait été prêtée par Fondacio, nous avons fait l'expérience de nous laisser conduire par Dieu au jour le jour.

Grâce à Germán, nous avions créé un premier cercle de crédits, avec quelques micro-entrepreneurs, dont les noms restent gravés : Pato, Tito, Nancy, Ana… Mais nous n'avions toujours pas trouvé de nom pour ce projet de banque des pauvres. Comment l'appeler ?

La réponse fut donnée grâce à l'octroi d'un crédit symbolique dans la rue. Marianne et moi marchions dans l'avenue *Providencia*, dans le centre de Santiago, quand un mendiant nous a abordés pour nous demander de l'argent. Il n'avait avec lui qu'un sac plastique avec dedans, une couverture et quelques cartons. Il avait une vingtaine d'années. La tentation était forte de sortir une pièce pour répondre à sa demande, puis de poursuivre notre chemin, mais ce jour-là, nous nous sommes intéressés à lui et avons entamé un échange. Nous lui avons demandé comment il s'appelait et pourquoi il était dans la rue. « Je m'appelle Juan Carlos. J'habite Renca[1]. Je n'ai pas d'argent car je n'ai pas de travail ; j'ai mes frères et sœur à nourrir, alors je suis obligé de mendier. Nous sommes six et ma femme attend un petit bébé qui doit naître bientôt. » Comme il paraissait plutôt en bonne santé, je l'interpelle :

– Et pourquoi ne cherches-tu pas de travail ?

1. L'une des *poblaciones* les plus pauvres de Santiago.

– J'ai cherché, me dit-il, mais personne n'accepte de m'embaucher car j'ai fait de la prison et en plus je ne sais ni lire ni écrire.

Surpris par son honnêteté, nous continuons notre conversation. Marianne lui demande avec sa délicatesse féminine :

– Et dis-nous, Juan Carlos, tu n'as jamais eu d'idées pour mieux gagner ta vie ? Si tout était possible, qu'aimerais-tu faire ?

Il nous explique alors que son rêve serait d'être commerçant de rue dans le centre de Santiago. Spontanément, il commence à nous décrire son projet :

– Je pourrais vendre des bonbons, du chocolat, des cacahuètes, des mouchoirs en papier, des briquets et plein d'autres choses à la sortie des cinémas !

Sans rien dire du projet qui nous habite, nous avons demandé à Juan Carlos s'il accepterait de nous aider en nous expliquant comment fonctionne le commerce de rue. Nous sommes convenus de nous retrouver trois jours plus tard à la même heure, au même endroit. En repartant, je ressentais une joie immense pour cette rencontre imprévue, donnée.

Trois jours plus tard, alors que je n'y croyais pas trop, Juan Carlos est venu. Nous nous sommes assis ensemble sur un banc pour en savoir plus sur lui et son projet. Nous avons fait le calcul avec lui de son « besoin en fonds de roulement », c'est-à-dire du coût des produits qu'il envisagerait de vendre. Le capital dont il avait besoin pour lancer son petit négoce était de 40 euros. Nous lui avons demandé pourquoi il ne demandait pas de crédit à une banque. « Impossible ! Je n'ai rien à donner en gage et, nous dit-il en souriant, je ne sais même pas s'ils me laisseront entrer avec les habits que j'ai sur le dos. »

Pour ne pas le rendre trop dépendant de nous, nous lui avons alors expliqué que nous allions demander à une banque si elle accepterait de nous prêter cette somme et lui avons proposé de nous retrouver le lendemain matin au même endroit, à la même heure.

Le lendemain, Juan Carlos était là, nous attendant dans la rue. Nous lui avons annoncé la bonne nouvelle : « Nous avons obtenu un prêt de la banque pour toi. » En pleine rue, il a signé le reçu de ce crédit. Jamais je n'oublierai cet instant. Quand Juan Carlos a reçu l'enveloppe avec l'argent, ses yeux se sont emplis de larmes. Nous lui avons demandé : « Qu'est-ce que tu ressens ? » Pendant une bonne minute, il est resté en silence, retenant son émotion, puis, reprenant à nouveau la parole, il nous a dit : « Vous savez, j'ai 22 ans et aujourd'hui, c'est la première fois de ma vie que quelqu'un me fait confiance ! »

À ce moment, ma joie était immense. Je ne sais pas ce que peut ressentir un médecin qui fait son premier accouchement, mais en moi c'était comme si j'étais témoin de la renaissance d'une personne. Nous avons compris ce jour-là combien « faire crédit » signifie « faire confiance ».

Puis Juan Carlos a repris en nous disant : « *Solo no puedo, pero contigo, si puedo*[1]. » Et au même moment, Marianne et moi ressentions que nous aussi, seuls, nous ne voyions pas comment créer ce projet, mais avec les *pobladores* et ceux qui ont besoin de ces microcrédits, avec eux, oui nous allions trouver la voie. Le visage de Juan Carlos était transformé, rayonnant de joie et de lumière par la confiance qu'il découvrait. Quand nous sommes repartis sur le chemin, pour Marianne et moi, il était évident que le nom de la « banque

1. « Seul je ne peux pas, mais avec toi, oui je peux. »

des pauvres » devait être « Contigo[1] ». Après consultation de Laurent, de Germán et des quelques autres Chiliens concernés par ce projet, la banque Contigo est née !

Juan Carlos est revenu la semaine d'après à notre rendez-vous fixé dans la rue pour rembourser son premier versement du crédit. Je l'ai revu deux fois dans le centre de Santiago. Il avait installé son étalage de chocolats et de petits gâteaux et les vendait aux passants. « Qu'est-ce que cela te fait de travailler ainsi ? », lui disais-je. « Tout est différent. Je me sens une autre personne. » Quant à moi, j'étais fier et heureux. Celui que j'avais rencontré mendiant, je le retrouvais plus digne, un peu plus debout.

Je n'ai plus revu Juan Carlos après, donc ce crédit dans la rue n'a pas été une réussite de remboursement, mais sans doute avait-il eu un autre rôle, celui de nous mettre en mouvement et de placer la confiance au cœur du projet.

Partager la vie des micro-entrepreneurs

Créer une banque avec et pour les *pobladores* ne peut se faire à partir de la seule réalisation d'un projet et d'un *business plan*. J'ai souhaité pour cela partager leur vie.

Pato, l'un des membres du premier groupe de crédits, et Claudia, deux jeunes *pobladores* qui habitent une maison très pauvre de la *población* José Maria Caro, m'ont invité à loger chez eux durant une semaine. Ils font partie des milliers d'*allegados*[2] qui vivent avec leurs parents. Je me suis retrouvé baigné dans l'ambiance de la *población*, avec l'air de *cumbia*[3] de la radio qui se mêle au rock argentin qu'écoutent

1. « Avec toi. »
2. Personnes rattachées à la maison de quelqu'un d'autre.
3. Musique sud-américaine.

les voisins. Les enfants jouent au ballon dans la rue, des vendeurs de glaces passent avec leurs clochettes et au loin on entend les haut-parleurs qui annoncent un meeting lors duquel Patricio Aylwin, candidat d'opposition, de la démocratie chrétienne, à la présidence[1], viendra visiter le quartier. Au milieu de tout cela, Clara, la petite dernière, crie en attendant son biberon… Je reçois pleinement la vie des enfants. Matin et soir, je joue au cheval et à l'éléphant avec Marcela (7 ans) et Patito (4 ans) qui en redemandent toujours plus.

Nous dormons tous dans la même chambre, les enfants dans le lit des parents. Pour moi, vivre ainsi quelques jours est très sympathique, mais pour Pato et Claudia, le manque d'intimité permanent est difficile à vivre. C'est l'un des aspects de la pauvreté : pas de silence, pas de vie personnelle, toujours les uns sur les autres. Cela s'ajoute à la pauvreté matérielle que rappellent le Frigidaire vide, les draps faits de sacs de farine, le papier journal en guise de papier toilette, le seau d'eau froide pour se laver le matin, et les puces dont il paraît impossible de se débarrasser, signes de la précarité partout présente.

Partager la vie de Pato et Claudia, même si ce n'est qu'une semaine, me rend plus proche d'eux. L'autre soir, Pato m'a appris à fabriquer des casseroles en aluminium. Je n'étais plus l'ingénieur commercial qui accorde des crédits, ni Pato le *poblador* qui a besoin du crédit d'une banque. Nous étions comme des enfants heureux de jouer ensemble.

---

1. Patricio Aylwin deviendra le 11 mars 1990 le premier président de la République du Chili de la période démocratique succédant à la dictature d'Augusto Pinochet.

Accorder des crédits aux plus démunis, c'est possible !

Peu à peu, nous avons constitué d'autres groupes de crédits. Tous regroupent des entrepreneurs pauvres. Pour eux, obtenir un crédit pour créer leur mini-entreprise est un rêve qui paraît irréalisable. Jamais une banque classique ne s'intéresserait à eux car ils n'ont ni biens matériels ni emploi stable à présenter comme garanties.

Comment fonctionne la banque des *pobladores* ?

Les personnes intéressées arrivent dans les bureaux de Contigo. Elles constituent des groupes appelés « cercles ». Chaque groupe reçoit une formation de six semaines pendant laquelle ils se préparent à devenir mini-entrepreneurs, sans encore recevoir de crédits. Ils prennent peu à peu conscience qu'ils sont eux-mêmes leur plus grand capital et la clé de réussite de leur projet. Ils s'entraident à approfondir leurs projets. Au bout de six semaines, les membres du groupe proposent les deux personnes qui recevront les premiers crédits du groupe. Si les remboursements des deux premiers crédits se déroulent bien, les deux crédits suivants seront accordés un mois plus tard, et ainsi de suite.

Je suis impressionné de constater l'espérance que les groupes représentent pour eux-mêmes et leur famille. Les crédits sont d'un montant équivalent à 600 de nos euros en moyenne. Le taux de remboursement atteint 98 %, ce qui nous montre qu'il est possible de prêter aux plus démunis. Certains remboursent leur crédit en avance. J'ai vu des gens ne pas manger à leur faim pour être fidèles à leur engagement de remboursement. Pour eux, c'est une question de dignité et de fierté.

Pato, chez qui j'ai passé une semaine, a installé lui-même ses machines de fabrication de casseroles, mais manquait de matières premières d'aluminium. Grâce à son crédit de 500 euros, il a pu augmenter son volume d'activité et obtenir des prix d'achat plus intéressants.

Durant cette période de travail, j'ai été pleinement heureux. C'est le bonheur de créer avec d'autres une entreprise au service des habitants de ces quartiers, co-créée avec eux. Je découvre qu'« entreprendre » et « aimer » peuvent coïncider en une seule et même chose. Raúl, un participant de l'un des cercles, me disait combien, pour lui, chaque rencontre du groupe de crédit est le « poumon de la *población* où il peut venir respirer ».

Je me sens au front d'un combat, là où des hommes et des femmes souffrent de la misère et ne croient plus en eux-mêmes. Mon bonheur est de contribuer humblement à soulager cette souffrance et à semer une espérance nouvelle.

Les groupes de crédits, lieu de la rencontre des deux mondes

De jeunes ingénieurs chiliens commencent à se joindre à nous pour évaluer les projets. Hernan, 25 ans, étudiant en troisième cycle d'économie et membre d'une famille aisée du Chili, nous disait : « C'est la première fois que je rencontre les personnes pauvres de mon pays. Je me suis senti accueilli par eux. Je veux revenir. » Je revois encore Luis Alberto prendre vigoureusement Hernan par l'épaule et lui dire : « Ne te perds pas. Reviens, tu es important pour nous. » Pour moi, cette rencontre est un immense signe d'espérance quand je voyais quelques heures auparavant Hernan anxieux d'aller dans ces quartiers défavorisés, n'osant pas dire qu'il habitait dans le quartier riche. Je savais que Luis Alberto était très engagé politiquement et vivait dans une seule pièce avec sa femme et sa petite fille.

En moi, je me disais : « Et si ces groupes de crédits devenaient des lieux où se vit une autre manière de se rencontrer entre riches et pauvres, au-delà des conflits politiques, au-delà des blessures de ce peuple ? Et si des jeunes, jusqu'ici séparés par l'histoire, commençaient à se retrouver pour travailler ensemble ? Un Chili nouveau ne serait-il pas en train de naître ? »

L'arrivée de Marcelo dans l'équipe de Contigo a contribué aussi à ce mouvement d'espérance. Marcelo est un jeune de 20 ans qui a passé un an au centre de réhabilitation de la Communauté Santa Ana. Il s'est drogué pendant huit ans. Son feu intérieur, sa passion pour « changer sa vie » et sa vérité nous appellent à nous engager davantage. Par la formation qu'il a lui-même suivie, Marcelo a un don pour former les membres des groupes à prendre leur vie en main. C'est incroyable de voir que ce jeune homme qui a été considéré comme délinquant, rejeté, montré du doigt par les siens, travaille aujourd'hui à relever son peuple. Pour moi, Marcelo est signe d'une espérance sans limite. Il montre comment une vie qui, un jour a été ratée aux yeux de la société, peut se transformer en lumière.

Contigo, lieu de formation et de transformation

Avec l'arrivée de Germán, Marioly, Ricardo et Marcelo à temps plein, l'équipe est devenue majoritairement chilienne et regroupe trois mondes : Chiliens des quartiers pauvres, Chiliens des quartiers aisés et Européens.

Au début de Contigo, je consacrais beaucoup de temps et d'énergie à construire le projet en tant que tel, les outils de formation, de sélection des projets, d'octroi des crédits et autres processus à créer, mais prenais peu de temps pour l'équipe. Je me retrouvais souvent tendu et fatigué, ayant en plus l'impression d'avoir trop de responsabilités sur les épaules. En réalité, mon problème de fond était que je ne savais pas demander de l'aide et que j'accaparais les activités importantes à réaliser. Globalement, chacun d'entre nous était épuisé et pris par un certain activisme. Nous sommes alors partis ensemble une semaine pour prendre soin de nos relations. Nous avons découvert à quel point nous sommes importants les uns pour les autres. Nous ne pourrons redonner aux micro-entrepreneurs que ce que nous expérimentons nous-mêmes entre nous : si nous sommes tendus, nous transmettons de la tension. Si nous sommes détendus et heureux, nous transmettons une confiance motivante.

La construction d'un monde nouveau nous anime tous. J'ai découvert qu'il s'agit d'abord de l'expérimenter entre nous, avant de s'y engager à l'extérieur. Cela suppose de prendre le temps de nous rencontrer et de construire des relations de confiance.

Pour moi en particulier, j'ai découvert que j'ai besoin des autres et que je peux m'appuyer sur eux, plutôt que de vouloir agir seul. Je découvre aussi peu à peu que ma mission est d'être, pour une part, « présence » là où je suis, au lieu de donner l'image d'un jeune cadre dynamique qui bouge de tous les côtés. Mes amis chiliens m'ont surnommé « l'accéléré », cela veut tout dire !

Grâce à cette semaine prise ensemble, nos relations dans le travail ont complètement changé. Nous devenons une famille.

Laurent est reparti en France durant l'été 1990, 18 mois après la création de Contigo. Cela a été douloureux car Laurent était important pour moi. C'est en effet par notre relation d'amitié fraternelle que Contigo a pu naître. Nous avions engagé ce projet ensemble. J'ai souvent ressenti le poids de l'œuvre sur mes épaules tant je voyais ce qui restait à accomplir. En même temps, cela m'a appris à respecter la liberté du chemin de l'autre et à m'appuyer sur d'autres soutiens, en commençant par celui de Marianne. Au fil des trois années suivantes, de nombreux coopérants français et belges nous ont rejoints. Un point commun rassemble tous ceux qui ont passé quelques mois ou quelques années au Chili pour la construction de Contigo. Tous ont été profondément marqués par cette expérience humaine de création de cette entreprise avec les *pobladores*. Et la plupart sont aujourd'hui engagés d'une manière ou d'une autre pour la construction d'un monde plus humain, dans des projets porteurs de sens.

Cette tension entre l'« accélération » et la « présence » reste présente en moi aujourd'hui dans mon action de dirigeant chez Armor. La tension du « faire » toujours plus, pour plus de résultat, est une tentation. Quand j'en prends conscience, je m'efforce de m'arrêter pour revenir en moi-même durant des temps courts ou parfois plus longs, pour revenir au sens de mon action, pour que mon « agir » découle de mon « être ». Mais ce chemin n'est jamais terminé, ce qui le rend passionnant d'ailleurs !

Le témoignage d'amour d'un grand dirigeant

Quand Joseph-Camille Genton avait décidé de soutenir notre projet de banque de microcrédits, il nous avait dit, à Laurent et moi : « J'ai réussi ma vie professionnelle, mais la question que je me pose est comment réussir la deuxième partie de ma vie après ma retraite. »

Son énergie était impressionnante. Lors de son premier voyage au Chili, après 16 heures d'avion, alors que nous pensions qu'il souhaiterait se reposer à son hôtel, il nous dit : « Je veux visiter les *poblaciones.* » Pourtant, en bon financier, il a besoin d'être d'abord rassuré par la bonne gestion du projet. Commence alors dès le lendemain un audit en bonne et due forme. Il se plonge dans le détail des comptes, demande un entretien individuel avec chaque membre de l'équipe, discute, commente et veut se faire expliquer les différents choix qui ont été faits. Ce n'est qu'après 48 heures de travail intensif qu'il nous félicite pour notre gestion et se « détend » enfin pour aller rencontrer l'âme de Contigo : les *pobladores*.

Nous étions tellement épuisés que nous « gérions » Kaki – il aimait que nous l'appelions ainsi –, à tour de rôle entre Laurent, Marianne et moi. À un moment, la relation s'est un peu tendue car il ne comprenait pas que le projet ne se développe pas plus vite. Il voulait que nous fassions du chiffre. Or, nous voulions inventer un nouveau modèle de banque avec les micro-entrepreneurs. Cela exigeait de commencer par une expérience pilote approfondie à petite échelle, à l'écoute de leurs besoins. Pour permettre à Kaki de comprendre, Marianne l'a alors emmené visiter des clients sur le terrain pendant deux jours, en allant dans leur maison et en partageant un peu de leur vie. Kaki est revenu bouleversé et nous a dit : « Ça y est, j'ai compris. Contigo n'est pas une banque comme les autres. Il faut tout réinventer. » À partir de ce moment, son attitude a totalement changé. Les micro-entrepreneurs sont devenus ses amis. Lui, le grand dirigeant craint par ses équipes de Total et par ses pairs dans le monde financier parisien, se montrait vulnérable devant les pauvres, partageant ses questions sur sa vie, ses doutes, ses difficultés.

Kaki est revenu trois ou quatre fois nous rendre visite. Un jour, il nous a appelés et nous a dit : « Je viens d'apprendre que j'ai un cancer. Je ne sais pas combien de temps il me reste à vivre. Mon médecin me l'interdit, mais je veux retourner au Chili pour dire au revoir à tous mes amis du Chili. » Kaki est revenu non pas avec un billet d'avion en première classe comme il en avait l'habitude, mais en classe éco car, nous a-t-il dit, « je veux que tout l'argent que j'ai mis dans le projet aille pour les pauvres et pas en frais de voyages ». Affaibli, il est retourné voir chaque micro-entrepreneur qu'il avait rencontré. Il a demandé aussi à revoir les dirigeants chiliens que nous lui avions présentés pour leur dire : « Je vais bientôt partir, je ne pourrai plus financer Contigo, alors c'est à vous, dirigeants chiliens, de prendre le relais. Je compte sur vous. » Au cours du séjour, Kaki a dû être hospitalisé en urgence. Avec courage, il est reparti. À l'aéroport, alors qu'il prenait son billet en classe éco, le personnel d'Air France lui a remis un billet surclassé en lui disant : « Ce sont vos amis dirigeants d'entreprise chiliens qui ont pris le billet pour vous. »

Kaki est devenu paralysé quelques jours plus tard. Dans sa chambre, il regardait sans cesse le tableau que Contigo lui avait offert, avec toutes les photos de l'équipe et des *pobladores* qu'il connaissait. Kaki est mort les yeux ouverts comme il le souhaitait. Son enterrement a été un témoignage, celui d'un grand dirigeant transformé par les pauvres et sa générosité. Plusieurs banquiers et financiers de la place de Paris étaient là et disaient : « Mais est-ce le même Kaki Genton que celui que nous avions connu ? » Oui, c'était le même, mais transformé par l'amour !

Kaki a été enterré avec le tableau de ses amis de Contigo. Il reste présent dans mon cœur et mes prières. Souvent, je pense à lui et lui demande de l'aide dans mes projets d'entreprise car je crois en l'union des forces entre la terre et le ciel, ce qu'on appelle aussi la « communion des saints ».

Visions d'entreprise et de la réussite

C'est dans la création de Contigo que s'est forgée en moi la vision d'une entreprise qui serait altruiste[1], au service de l'épanouissement des personnes et du bien commun.

Différentes visions de l'entreprise se côtoient. Pour beaucoup, l'objectif reste de maximiser le profit et de privilégier le cours de Bourse coûte que coûte, en considérant que l'entreprise n'est qu'une modalité d'investissement. La mesure de sa réussite réside dans l'ampleur du retour sur investissement. Au nom de cette priorité donnée à la rentabilité, des compromis pourront être faits sur la politique sociale, le bien-être des salariés, l'environnement, voire la sécurité des ouvriers. Cette vision purement financière de l'entreprise crée des déséquilibres internes et externes, contribue à nourrir la fracture sociale, alimente le ressentiment contre le capitalisme libéral.

Je crois au contraire que la réussite de l'entreprise doit englober beaucoup plus que la maximisation du profit ou le cours de Bourse. La rentabilité de l'entreprise est nécessaire non pas comme une finalité, mais comme la condition d'autre chose. Cette autre chose, qui selon moi doit être le but premier, est la transformation du monde vers plus

1. Laurent a aussi été marqué par son expérience de Contigo. Il a développé ce concept avec Isaac Getz dans leur livre *L'Entreprise altruiste*, Paris, Albin Michel, 2019.

de cohérence, d'harmonie collective, de respect de la création, de justice et de bonheur partagés. Cet objectif-là ne se mesure pas d'abord avec des indicateurs de grandeur, de volume ou de rentabilité. Son impact dépasse la frontière de l'entreprise concernée. Il se juge selon le bien produit auprès de l'ensemble des parties prenantes et dans la société tout entière. La crise actuelle du Covid-19, qui secoue l'économie et le monde en profondeur au moment où j'écris ce livre, vient questionner encore plus profondément le rôle de l'entreprise : que deviennent les profits quand tout s'écroule ? Que reste-t-il sinon la qualité des liens créés ? et quelle est la valeur de ces liens de solidarité, d'amitié, que tous valorisent d'une manière « non financière » dans l'épreuve ?

La création de Contigo « avec et pour » les *pobladores* ne peut se mesurer en termes de réussite de taille ou de profit. De fait, jusqu'à son rattachement en juin 2014 à la coopérative chilienne Conavicoop, la banque Contigo aura accordé environ 50 000 microcrédits, permettant la création d'environ 100 000 emplois. C'est beaucoup et en même temps cela reste modeste. Mais ce qui, avec le recul, me paraît beaucoup plus important est l'impact indirect permis par cette initiative créée avec peu de moyens par les jeunes que nous étions à l'époque. Quand nous avons créé Contigo, le monde financier chilien ne croyait pas au développement du microcrédit car les montants étaient jugés trop faibles pour que cette activité bancaire devienne rentable. De fait, les seuls acteurs du microcrédit à l'époque étaient des associations caritatives accordant des crédits sans trop se soucier de leur remboursement.

Par Contigo, nous avons montré qu'il était possible de prêter aux plus pauvres de manière rentable, avec un taux de remboursement des crédits de l'ordre de 98 %. Au départ de Marianne et moi du Chili en 1993, cinq banques avaient développé leur programme de microcrédit, dont le Banco del Desarrollo, qui nous a demandé de leur transmettre notre savoir-faire et le Banco del Estado, la banque de l'État du Chili, dont l'un des membres du conseil d'administration, Raúl Troncoso Castillo, ancien ministre de l'Intérieur – équivalent au titre de Premier ministre au Chili –, a suivi de près le développement de Contigo. Par ailleurs, comme l'a fait Muhammad Yunus pour nous, nous avons décidé d'accueillir tous ceux qui souhaitaient développer un programme de microcrédit similaire à celui de Contigo dans leur pays. Cela a favorisé l'émergence d'autres « Contigo » dans plusieurs pays d'Amérique latine. C'est sans doute cela, notre satisfaction qui va bien au-delà de nos propres réalisations. Nous avons contribué à ce que le regard des institutions financières sur les pauvres change et que le modèle du microcrédit se développe bien au-delà de nous-mêmes.

À titre personnel, l'expérience de Contigo a ancré en moi la conviction que la vision de l'entreprise au service du bien commun non seulement est réalisable, mais qu'elle fédère, transforme, réussit et rend heureux. J'y puise encore ma force et mon espérance dans ce que j'entreprends aujourd'hui.

Vivre en communauté

En parallèle à la création de Contigo, j'habitais avec sept autres Européens dans une grande maison en communauté, chacun étant engagé dans divers chantiers de développement : médecine, projets économiques, éducation, formation humaine.

Pour nous aider à vivre harmonieusement en communauté, ce qui n'est guère facile tous les jours, les caractères des uns et des autres étant fort différents, nous avons demandé à sœur Clara et Juan, tous deux formateurs du centre de réhabilitation pour jeunes drogués Santa Ana, de nous aider. Les deux piliers de la formation qu'ils nous font vivre sont l'honnêteté, c'est-à-dire exprimer les choses comme elles sont, en particulier reconnaître mes problèmes et mes faiblesses, et l'humilité qui consiste à m'accepter comme je suis, sans fuir ni me juger. Chaque semaine, nous nous réunissons et faisons ensemble le point sur notre vie, sur le positif et sur le négatif. En particulier, nous nous montrons nos erreurs dans le but de nous aider à mieux vivre « l'amour responsable » au quotidien.

Cette expérience a été très marquante pour moi car une chose est d'accompagner les jeunes ex-drogués qui vivent cette formation thérapeutique, autre chose est de la vivre soi-même. J'ai fait là l'expérience d'être accueilli par les autres au cœur de ma fragilité, jusque dans ce que je n'aimais pas de moi. Cela m'a donné une grande paix, qui a perduré. Je n'ai plus besoin de cacher mes faiblesses. Je n'ai plus besoin de m'efforcer de paraître parfait ni de me tendre pour être le meilleur. Je n'ai pas besoin d'être important pour être aimé. Je sais que j'ai de la valeur pour moi-même, quoi que je fasse. Quelle libération !

Cette liberté intérieure demeure. Avec le recul, je constate combien avoir vécu une telle expérience de travail sur soi est une chance dans ma responsabilité d'aujourd'hui. Accepter mes faiblesses ou la contradiction n'est jamais vraiment naturel, mais je sais au fond de moi que là est le chemin de la vraie force.

CHAPITRE 4

AVEC ET PAR MARIANNE, L'ACCUEIL DE MA VOCATION

Au fil du récit, j'étais tenté de faire l'impasse sur un aspect important de mon cheminement : ma vie affective. Je me disais : cela fait partie de la vie intime, pourquoi parlerais-je de cela ? Et puis, est-ce vraiment essentiel pour expliquer le choix de mettre mes convictions humaines au cœur de mon engagement d'entreprise ? Il m'est soudainement apparu que ma vie est une, que notre vie est une, et que pour celui qui veut suivre Dieu et écouter l'Esprit, la vie ne peut pas être cloisonnée avec la vie professionnelle d'un côté et la vie affective de l'autre. De fait, en relisant mon histoire relationnelle, je peux dire que j'ai été conduit de la même manière que dans les autres aspects de ma vie. C'est la même source qui m'a attiré, qui a pris soin de moi. Plus que cela encore, je crois que la relation à l'autre irrigue l'engagement dans la société et réciproquement. En ouvrant mon cœur à Marianne, qui est devenue mon épouse, j'ai lâché des peurs, appris à faire confiance, ouvert mon cœur à l'autre différent, et cela a évidemment un impact dans ma vision et ma manière de concevoir ma vie et de diriger l'entreprise.

Car tout est lié. En laissant l'amour entrer en moi et apaiser les tensions de l'âme, s'est opérée une détente intérieure, qui a fait grandir la paix en mon cœur. C'est cette paix qui peut être redonnée dans l'entreprise, aux collaborateurs, aux clients, aux partenaires sociaux, aux investisseurs. Notre vie est une. L'un de ses enjeux est de travailler à unifier ce qui en nous est divisé. Or la vie affective est essentielle sur ce chemin. C'est fort de cette conviction que je me lance à partager ce pan de mon existence que je n'ai jamais osé explorer auparavant avec autant de vérité.

HECTOR, UN ANGE VENU À NOTRE RENCONTRE

Marianne était l'une des résidentes de la communauté.

Nous étions naturellement proches. À la fin de la journée de travail, après avoir animé ensemble un cercle de crédits, nous passions des heures à discuter. Le projet de Contigo occupait tellement mon esprit que je ne me posais guère de questions quant à notre connivence si naturelle. Je me sentais juste bien quand j'étais avec Marianne.

Une chose m'intriguait. Ma chambre étant dans une annexe du jardin de la maison, j'aimais me tenir dehors, la nuit tombée, pour réfléchir avant de dormir. Depuis le jardin, je voyais la chambre de Marianne éclairée par la lumière d'une bougie au deuxième étage de la maison communautaire. Marianne priait. Sa relation à Dieu me touchait et m'attirait.

Un soir, je dis à Marianne : « Ça te dirait d'aller au cinéma ? » Plus consciente que moi du lien qui existait entre nous, elle me dit – elle m'a raconté cela après car je ne m'en étais pas rendu compte sur le moment : « Veux-tu qu'on y aille avec d'autres ou juste entre nous ? » Je lui ai d'emblée répondu : « Non, rien que nous deux ! »

Nous sommes allés voir le film *Salaam Bombay* dédié aux enfants des rues en Inde.

Après le film, nous avons acheté une glace et nous sommes assis sur un banc dans la rue. Soudain, pendant que nous parlions, nous a abordés un enfant de douze ans qui n'avait rien à manger et s'apprêtait à dormir dehors sur un trottoir. Nous étions interpellés par la rencontre de cet enfant qui avait le même âge que Krishna, le jeune garçon pauvre du film, avec ce même regard pétillant. Il était blond, ce qui est assez rare pour un enfant pauvre au Chili. Il était environ minuit. La fraîcheur commençait à tomber. Or il n'avait pas de pull.

Voyant qu'il avait faim, Marianne lui tend sa glace qu'il avale d'un coup. Me sentant gêné d'avoir encore mon sorbet dans la main, je le lui donne à mon tour. Voilà qu'il l'engloutit d'une traite. Nous lui demandons depuis combien de temps il n'a pas mangé. Il nous répond : « Depuis trois jours ! » Nous lui proposons donc d'aller manger un morceau dans un fast-food à proximité. Nous lui demandons son nom : « Je m'appelle Hector. » Après avoir dévoré son hamburger, Hector nous fixe des yeux et nous dit : « Je n'ai pas d'endroit où dormir. Pourriez-vous m'emmener dans votre maison ? »

Nous nous sommes regardés sans répondre car nous savions qu'il y avait une règle de communauté entre les résidents. Personne ne pouvait inviter une personne extérieure à loger dans la maison communautaire sans en référer aux autres. Et puis je me débattais dans un combat intérieur : « Que faire si après une nuit, cet enfant nous demande de rester plus longtemps ? Et si demain, il revient avec cinq autres jeunes comme lui ? Et si certains sont des délinquants ? Que vont dire les autres membres de la communauté ? Nous serons responsables... » Pendant qu'Hector terminait son repas, ces questions revenaient en moi : « Que faire ? » Quelque chose cependant me retenait de laisser Hector seul dans la rue, en pleine nuit.

À un moment m'est venue cette réflexion : « Au pire, que peut-il se passer ? Au pire, je reviens un jour chez moi et je découvre qu'on m'a tout volé. Vais-je en mourir pour autant ? » Ce fut comme si quelqu'un me disait : « Ce qui arrivera demain n'est pas ton affaire : je m'occupe de demain, mais ce soir, si tu ne fais rien, Hector va dormir sur le trottoir et court le risque d'être embarqué par la police pour vagabondage, d'être battu ou pire. »

Je repensais à Joseph et Marie qui cherchaient un lieu pour donner naissance à Jésus, mais qui n'en trouvaient pas, personne ne voulant d'eux, et me rendais compte que j'allais agir de même. Soudain, une lumière m'a traversé. À travers Hector, c'était peut-être le Christ qui venait à moi et me disait : « Aujourd'hui je veux venir dans ta maison, habiter avec toi, en ton cœur. Es-tu prêt à m'accueillir, quelles que soient les conséquences de ton oui ? »

J'ai alors regardé Marianne. Dans ses yeux, j'ai compris qu'elle était prête à l'accueillir. Elle aussi avait ce « oui » en elle. Prenant Hector par l'épaule, nous lui avons dit : « Viens avec nous ! » J'ai alors été envahi d'une paix des profondeurs. Je me sentais libre, vraiment libre. J'étais habité par un bonheur immense. Plus rien ne m'importait, sinon d'accueillir cet enfant chez moi comme un roi. J'avais dit oui à aimer et ressentais une tendresse qui m'emplissait tout entier.

Sur le chemin vers la maison, Hector marchait entre Marianne et moi. À un moment, il nous a pris par la main, chacun et nous a dit en nous regardant l'un puis l'autre : « Vous êtes comme un papa et une maman pour moi. » Je n'ai pas compris dans l'instant ce que signifiait ce geste, mais j'en ai été bouleversé. C'est comme si Hector était venu me révéler ce lien d'amour profond et naturellement donné entre nous. Ce lien que je ne voulais pas voir car je savais qu'il pouvait bouleverser ma vie.

Arrivé à la maison, j'ai apporté des affaires propres à Hector. Mon pull lui tombait jusque sur les genoux. Il a pris un bain, puis je l'ai installé sur un matelas dans ma chambre. Ensuite, j'ai retrouvé Marianne. Une douceur étonnante nous remplissait tous les deux. Nous avons allumé une bougie et avons rendu grâce pour ce moment intense et mystérieux. Une autre présence que nous était née au cœur de notre relation.

En revenant dans ma chambre, j'ai vu qu'Hector dormait. J'avais le sentiment d'être accompagné d'un ange venu nous visiter. Le lendemain matin, quand j'ai ouvert l'œil, le matelas d'Hector était vide. Il était parti au petit matin sans faire de bruit. Nous ne l'avons plus jamais revu et pourtant, il est si souvent présent dans mon esprit.

LA NAISSANCE D'UN BEL AMOUR

L'accueil d'Hector vécu ensemble a ouvert mes yeux sur le cadeau qu'était Marianne dans ma vie. J'avais jusque-là une image faussée de la relation amoureuse : l'amour-séduction et l'amour-passion que montraient les médias me faisaient chercher l'amour ailleurs, alors qu'il m'était proposé tout près de moi. Notre relation, à Marianne et moi, était tellement naturelle et spontanée que je n'imaginais pas que cela puisse être si simple.

Quelque chose me bloquait cependant pour oser faire le pas de me « déclarer ». L'amour de Dieu et des personnes pauvres me brûlait tellement les entrailles que je ne pouvais pas esquiver la question de la vocation religieuse. Je me disais : « J'aime Dieu. J'ai envie de le suivre et de lui donner ma vie. Cela signifie-t-il que je suis destiné à devenir prêtre ou religieux ? À quoi suis-je appelé ? » Cette question me taraudait et me freinait dans ma vie affective. Du coup, je n'osais pas engager des relations avec des filles qui me plaisaient, de peur de les décevoir au risque de les abandonner. Je me tenais donc à distance.

Au fond de moi-même, je pressentais que ma vocation était celle d'un laïc chrétien engagé dans les enjeux de société, de l'entreprise, naturellement fait pour le mariage. Mais en même temps, j'avais reçu des pressions de certains religieux qui avaient des visées sur moi et me disaient : « L'Église a besoin de prêtres. Comme tu aimes Dieu, tu devrais te poser sérieusement la question. Je te verrais bien prêtre. » Et puis j'avais peur de perdre mon indépendance. Pourrais-je réaliser les mêmes projets si j'étais marié avec des enfants ?

Ces questions me troublaient et interféraient dans ma relation avec Marianne. Pourtant, les autres membres de notre petite communauté de vie nous voyaient tellement assortis que pour eux, notre complémentarité était évidente. Un jour, ils nous ont interpellés en nous demandant de clarifier la nature de notre lien. Je n'étais pas encore prêt à me déclarer devant les autres. Cependant, ni Marianne ni moi ne pouvions cacher nos sentiments amoureux l'un pour l'autre.

Nous avons alors cheminé de manière plus proche. Je ressentais une simplicité dans notre relation. Nous n'avions pas besoin de grandes choses pour être heureux. Nous nous retrouvions et étions tout de suite sur la même longueur d'onde. J'aimais en Marianne – et j'aime toujours – son regard pétillant de lumière.

Je vivais avec elle une communion profonde d'être qui me faisait pressentir que nous étions compagnons d'éternité, faits l'un pour l'autre. Je comprenais que mon accomplissement d'homme passait par Marianne, comme si je ne pouvais pas être pleinement moi sans elle. Et lorsque je pensais à elle, j'éprouvais un repos intérieur.

Si notre expérience peut aider des plus jeunes à reconnaître en eux un bel amour, j'en serais tellement heureux ! À des jeunes qui se posent la question de l'amour, Marianne et moi disons souvent : « Quand tu es en présence de cet autre qui t'attire, quand tu penses à lui ou à elle, ressens-tu une paix, une joie simple, un élargissement de ton être, un repos intérieur ? Ou ressens-tu une passion qui te trouble et t'agite, quelque chose de forcé, un rétrécissement de ta vie, voire un emprisonnement ? » J'ai moi-même mis du temps à me défaire de la croyance que l'amour était une « passion ». Or la passion, quand elle consiste en cet état affectif intense et irraisonné qui nous domine, provient souvent d'un manque affectif. Le véritable amour est celui que je ressens au cœur de mon être et qui suscite en moi une paix profonde, un émerveillement, une solidité nouvelle, une force qui me pousse en avant et m'ouvre aux autres.

Dans cette période de fin 1990 et début 1991, je me battais avec moi-même. Je ressentais l'amour mais ne parvenais pas à croire que j'y avais droit, comme si m'abandonner à l'amour pour Marianne serait priver Dieu d'un prêtre pour l'Église. J'étais marqué par une vision erronée de la vocation religieuse, présentée parfois comme « supérieure » au mariage. C'était ce concept de « célibat pour le Royaume de Dieu » qui revenait souvent en moi. Souvent des prêtres et religieux présentaient l'appel au célibat comme l'appel à « construire le Royaume de Dieu », sous-entendant que ceux qui se marient sont destinés à « construire le monde concret », ce qui serait évidemment moins bien. Et comme je visais ce qu'il y a de mieux, j'étais coincé. Si je voulais suivre Dieu, le célibat était la seule voie possible. Le tiraillement que je ressentais créait en moi une angoisse profonde, que Marianne éprouvait et qui la faisait souffrir. Cette situation finissait par créer des tensions entre nous et me faisait douter de la qualité de mon amour pour elle.

Cette crise nous a amenés à nous séparer pendant un temps, nous redonnant notre liberté. Cela n'a pas été facile, mais nous a poussés chacun à remettre notre vie à Dieu, sans savoir quelle en serait l'issue.

J'ai alors décidé de partir seul une bonne semaine à l'île de Chiloé chez le padre José. Je passais mes journées à prier et marcher sur la plage, relisant mon histoire avec Dieu et avec Marianne, lui remettant ma vie.

J'étais devant Dieu qui me laissait libre et me disait : « Choisis-tu d'aimer Marianne ? Tu es libre. »

J'ai traversé les peurs de perdre mon indépendance, de me tromper de vocation, de décevoir ceux qui avaient une attente sur moi pour que je devienne prêtre. J'ai offert les croix inévitables d'une vie de couple. J'ai touché en moi mon désir d'aimer, mais aussi mon incapacité à aimer vraiment si je m'appuyais sur mes propres forces. J'ai alors demandé à Dieu de permettre que son amour grandisse en moi.

J'ai compris qu'aimer était un choix et qu'il me fallait accepter de renoncer à la liberté apparente des « religieux », qui n'ont pas les contraintes d'une famille. Il me fallait aussi quitter cette image que ma vie serait moins « sainte », moins donnée à Dieu, en me mariant.

Je me suis rappelé un échange libérateur avec Jean-Michel Rousseau, le fondateur de Fondacio, lors d'une de ses visites au Chili, qui m'avait dit : « Tu peux être prêtre dans le célibat pour le Royaume, mais as-tu pensé que tu pouvais aussi être appelé au mariage pour le Royaume ? » Cette question m'avait vraiment interpellé car je n'avais jamais imaginé que la première vocation était de vouloir construire le « Royaume de Dieu », plutôt que de définir un état de vie. Il m'est alors apparu qu'uni dans le mariage avec Marianne, je pourrais et nous pourrions construire le « Royaume » de manière beaucoup plus complète que si je restais seul, même comme religieux ou prêtre.

Durant cette semaine de solitude, j'ai laissé le combat spirituel me travailler, me purifier, m'entraîner ailleurs.

Progressivement, le voile s'est levé. J'ai reçu en moi cette parole : « Les chaînes qui retiennent l'amour sont brisées. » Dieu m'a montré que mon bonheur et son appel étaient du côté de Marianne.

J'ai alors accueilli profondément Marianne comme un don de Dieu pour moi, comme je suis un don de Dieu pour elle. J'ai laissé grandir en moi l'élan de bonheur qui me pousse vers elle et le cadeau d'accueillir son amour pour moi.

Notre relation était simple. Être avec elle était un lieu de repos, de liberté, où je pouvais être moi-même. Bien au-delà de nos différences de pays, de familles et de personnalités, nous étions unis par des fondements solides et des valeurs communes. Nous avions tous les deux un désir d'aventure et d'engagement vers l'inconnu, qui me faisait pressentir un avenir ouvert à l'inattendu de Dieu. Ensemble, nous étions entraînés vers le service des autres. Notre amour nous donnait le goût de répandre l'espérance autour de nous. Comment alors garder pour nous un tel don ?

J'ai perçu que c'était Dieu lui-même qui m'avait donné et me redonnait Marianne. Du coup, mes questions sur ma vocation n'avaient plus lieu d'être.

Certains renoncent au mariage et choisissent le célibat pour une plus grande fécondité car ils y sont appelés par Dieu. Mais l'appel que j'ai reçu de Dieu est de renoncer au « confort » de la liberté qu'apporterait le célibat, pour une plus grande fécondité d'amour par le mariage.

Notre amour devenait le lieu privilégié de la présence du Christ ressuscité. C'est lui qui avait libéré l'amour en nous. C'est par Marianne que Dieu allait me révéler l'infini de son amour pour moi. Et par moi, elle allait recevoir à quel point elle est aimée de Dieu. Cet amour mutuel nous invite à le partager autour de nous.

Ayant trouvé la paix que je cherchais dans ce temps de réflexion, je suis reparti de Chiloé pour retrouver Marianne. Dans un cadeau constitué de plusieurs boîtes, emballées avec un beau nœud, j'avais déposé un poème, dont les mots jaillissaient d'un cœur émerveillé : « Viens, célébrons ensemble l'été qui vient. De lui-même, il vient. Sur toute la Terre, il répandra son parfum qui s'appelle "Je t'aime" et "Je t'attends". »

Je le lui ai donné le jour de son 28e anniversaire. Marianne m'a accueilli avec amour et m'a dit « oui » à ce que nous cheminions ensemble pour la vie.

L'ÉPREUVE... LE SACRIFICE D'ABRAHAM

Début mai 1991, je repartais pour la France avec deux objectifs. Préparer une rencontre qui devait rassembler les équipes de Contigo et celles de Fondacio lors du week-end de Pentecôte 1991. Par ailleurs, je souhaitais confirmer mon intention de demander Marianne en mariage, après en avoir parlé avec ma famille, mes amis et le père jésuite qui m'accompagnait spirituellement.

Je ne m'attendais pas à ce que ce voyage, qui devait sceller un double bonheur, celui de relier Contigo et Fondacio, et celui de confirmer mes fiançailles avec Marianne, devienne l'épreuve la plus grande de ma vie.

La première épreuve a commencé du côté de Fondacio. Quelques jours avant la Pentecôte, nous apprenons qu'il a été demandé par l'Église au fondateur, Jean-Michel Rousseau, de quitter toutes ses responsabilités à la suite de révélations de relations sexuelles inappropriées avec des femmes lors d'accompagnements spirituels. Cela a été un tremblement de terre pour les membres de cette communauté chrétienne à l'époque. Pour moi, le choc a été terrible. J'étais désemparé devant ces révélations. Jean-Michel Rousseau nous avait souvent encouragés dans la création de la banque Contigo. Que dire aux membres de Contigo qui devaient prendre l'avion du Chili vers la France pour participer à cette rencontre ? J'avais plusieurs rendez-vous prévus avec le fondateur pour échanger autour de l'avenir de Contigo. Que faire ? À peine la nouvelle connue, j'ai proposé à mon père d'aller me promener avec lui dans la forêt de Saint-Germain-en-Laye. Au cours de notre marche, en lui partageant mon désarroi et mon sentiment d'abandon devant cette situation, je ressentais le poids de la responsabilité professionnelle et spirituelle de Contigo s'alourdir sur mes épaules. Je me retrouvais face au vide de ma solitude, d'autant que Laurent avait quitté Contigo depuis neuf mois et était revenu en

France. J'étais submergé par l'angoisse. Le lendemain matin, une forte fièvre me clouait au lit. Les analyses de sang ont conclu que j'avais une hépatite A contractée par des fruits mal lavés au Chili. C'était la deuxième épreuve. Sûrement la cause était-elle liée à ce virus, mais au fond de moi-même, j'ai la conviction que cette maladie s'est déclarée par le choc des révélations des agissements du fondateur de Fondacio, qui a affaibli mon système immunitaire. J'étais devenu vulnérable à la maladie.

Durant plusieurs semaines, je n'ai pas pu me lever de mon lit ni manger quoi que ce soit. J'ai perdu 15 kilos en quelques semaines.

Mais ce n'était que le début des épreuves. La troisième a été encore plus dure et plus violente.

Ce 6 juin 1991 reste gravé à jamais dans ma mémoire. Comme j'étais extrêmement affaibli par l'hépatite et ne pouvant pas me déplacer, Étienne Garin, le père jésuite qui m'accompagnait, est venu me rencontrer dans la maison de mes parents à Saint-Germain. C'était la fête du Sacré-Cœur. Nous avons médité sur le cœur de Jésus qui a tant aimé l'humanité, au point de donner sa vie jusqu'à en mourir sur la croix. Le thème de l'accompagnement spirituel n'était pas très réjouissant, mais m'aidait à accepter l'épreuve de la crise de Fondacio et de ma maladie. Comme je ne pouvais pas aller à la messe, Étienne m'avait remis en repartant une hostie consacrée, en m'invitant à prendre un temps de cœur-à-cœur avec Jésus. Je lui demandais de m'unir au don de son amour pour le monde dans l'épreuve que je traversais.

J'étais en pyjama, assis par terre, adossé à mon lit, en prière en silence, contemplant la présence réelle du Christ dans l'hostie, quand le téléphone sonna. C'était Pacho, un ami chilien. Je pensais qu'il m'appelait pour prendre de mes nouvelles. J'ai vite compris au ton de sa voix que quelque chose de grave venait de se passer. Pacho me dit : « Ce que je vais te dire n'est pas facile… Marianne a eu cette nuit un très grave accident. Elle roulait sur l'autoroute le soir lorsqu'un camion a projeté sa voiture sur un pylône central. De plus, à cause du choc, le transformateur électrique du pylône est tombé sur le véhicule. Elle a les voies respiratoires, digestives, et les cordes vocales sectionnées. Sa jambe droite a été écrasée par le transformateur électrique. Elle a survécu par miracle car ses poumons étaient remplis aux trois quarts de sang. Transportée d'abord à l'hôpital public où on lui a fait une trachéotomie, elle est entre la vie et la mort. On estime ses chances de survie à moins de 5 %. »

J'étais déjà faible. Mais là, j'ai été terrassé. Je ne pouvais plus bouger. J'étais seul dans la maison, avec, mystérieusement, la présence du Christ devant moi dans cette hostie. J'ai consommé l'hostie en demandant à Dieu de venir à mon aide et de sauver Marianne. Je me suis retrouvé complètement passif, sans aucune force. Là, sans que je le décide, ont commencé à défiler dans mon esprit les filles que j'avais rencontrées dans ma vie, comme amies chères ou bonnes amies, les unes après les autres. Et telle une évidence, je ressentais qu'aucune ne pourrait remplacer Marianne. Elle était vraiment la femme de ma vie. Et, soudainement, j'étais mis devant une forte probabilité de la perdre à jamais. Je ne comprenais plus la logique de Dieu. J'avais fait tout ce chemin pour l'accueillir comme le don de l'amour de Dieu pour moi, avec l'appel à l'épouser pour être ensemble témoins de l'amour de Dieu dans le monde. Et là, tout s'écroulait ? Je n'avais même pas la force de me révolter. J'étais anéanti.

Mes parents étant absents, j'ai eu le réflexe vital d'appeler Maïti Girtanner, qui habitait à 300 mètres de la maison. Maïti Girtanner est une résistante française, suisse d'origine, qui a été torturée par les nazis pendant la Seconde Guerre mondiale. Les tortures qu'elle a subies ont détruit ses cartilages. Elle était virtuose de piano, promise à un bel avenir, mais s'est retrouvée handicapée par le mal absolu de la barbarie nazie. Par sa foi et son courage, elle a réussi à surmonter cette épreuve, allant jusqu'à pardonner à son bourreau, lorsqu'atteint d'un cancer, il est réapparu et a voulu la rencontrer 40 ans après. Son histoire bouleversante a été racontée dans un reportage télévisé *Résistance et pardon*, et dans un livre[1]. J'étais très proche de Maïti. Nous nous écrivions souvent. Je lui confiais mes questions sur ma relation avec Marianne et sur ma vocation. Elle était de 40 ans mon aînée, mais était une confidente discrète, féminine, aimante.

Je l'ai appelée. Elle a tout de suite compris et m'a dit : « Je viens. Tu n'auras pas besoin de parler. Je serai simplement là avec toi. » Je savais que marcher, même sur une distance de 300 mètres, était source d'une grande souffrance pour elle, ayant ses nerfs à vif contre les os, mais elle n'a pas hésité. Maïti est venue. J'ai pu pleurer sans rien dire. J'avais juste la force de pleurer.

Grâce à des amis chiliens qui par hasard ont écouté la radio le soir de l'accident, Marianne a pu être identifiée et déplacée de l'hôpital public à l'hôpital américain. Les chirurgiens ont tenté une opération de la gorge qui n'avait jamais été effectuée au Chili. Patricia, qui était comme une deuxième maman pour nous au Chili, a rempli un chèque en

1. Guillaume Tabard, *Même les bourreaux ont une âme*, Paris, Éd. de la Loupe, coll. « Témoignage », juin 2008.

blanc à l'attention de l'hôpital afin de financer cette opération. Une chaîne d'amis des quartiers riches et des quartiers pauvres s'est mobilisée pour donner leur sang à Marianne. Le témoignage de Fernando, un *poblador* qui aimait beaucoup Marianne, nous a particulièrement touchés. Nous avons su tout cela après coup bien sûr. Il a traversé Santiago pour donner son sang. Arrivé à l'hôpital, il a dit aux infirmiers : « Je suis un *poblador*. Est-ce que mon sang sera valable pour Marianne ? » Cela montre le sentiment d'infériorité qui existe chez les personnes pauvres. L'infirmier lui ayant confirmé qu'il pouvait donner son sang, il s'est mis à danser de joie, disant à tous que son sang coulait dans les veines de Marianne.

Durant les six heures d'opération, des dizaines de personnes, riches et pauvres, chantaient et priaient dans le hall de l'hôpital. Le chirurgien qui a opéré a dit combien il s'était senti porté par une paix immense, alors qu'il s'agissait d'une opération extrêmement complexe. Il fallait refaire toute la gorge. Il a témoigné qu'il avait senti Marianne, bien qu'inconsciente, totalement abandonnée dans la confiance.

Les jours qui suivaient, je ne pouvais pas parler à Marianne depuis la France car elle était sous respirateur. Christian, son père, médecin, m'appelait de Belgique pour me tenir informé des nouvelles communiquées par Martine, son épouse, qui avait pris l'avion pour être au chevet de sa fille au Chili. Il me disait que l'opération avait réussi au mieux et que ses chances de survie étaient réelles. En revanche, nous devions nous préparer à ce qu'elle soit handicapée à vie, ne pouvant pas respirer ni manger par voie normale. L'une des cordes vocales sectionnées n'avait pas été retrouvée, donc Marianne ne reparlerait pas.

Pendant plusieurs semaines, Marianne ne fut pas rapatriable.

De mon côté, je continuais d'être extrêmement faible, donc il était hors de question que je reparte pour le Chili. Mais, dans ma tête, il était clair que si elle survivait, ce qui semblait être le cas, je l'épouserais comme je l'avais décidé avant son accident.

C'était sans imaginer qu'une nouvelle épreuve spirituelle inattendue me serait demandée. En effet, je revois mon accompagnateur jésuite quelques jours plus tard et lui dis que je veux épouser Marianne. Il m'arrête net et me dit : « Ce n'est pas parce que tu voulais l'épouser avant son accident que tu dois l'épouser maintenant. » Sa réponse m'a choqué. Je lui ai demandé de préciser. « Oui, m'a-t-il dit, vous n'êtes pas marié. La Marianne que tu vas retrouver n'est pas celle que tu as connue. Tu ne peux pas prendre cette décision simplement par compassion. Tu dois retrouver ta liberté et refaire un vrai discernement. Seras-tu prêt à épouser une femme probablement handicapée ? Je sais que c'est dur, mais, à aucun moment, il ne faudra que tu te dises : "Marianne était accidentée, je ne pouvais pas l'abandonner, alors je l'ai épousée par obligation." Ce choix est trop important pour ne pas le reposer sur une base de liberté totale, devant le Christ en remettant entièrement votre relation à Dieu. »

C'est ainsi que je suis parti pour trois semaines d'exercices de saint Ignace pour reprendre les fondements de ma vie avec Dieu après la crise de Fondacio. À cela s'est ajoutée une semaine de retraite dite d'« élection » pour refaire le choix de demander ou pas Marianne en mariage.

Entre-temps je recevais une lettre de Marianne me disant : « Hubert, dans l'état où je suis, je dois me battre pour vivre. Je ne serai plus celle que tu as connue. Je te redonne totalement ta liberté. Oublie-moi et refais ta vie. »

Cet été 1991 a été comme une longue traversée du désert, une grande purification. J'ai relu plusieurs fois cet épisode de la Bible du sacrifice d'Abraham. Dieu répond à la prière d'Abraham en lui donnant un fils, alors que sa femme était stérile, et l'invite après à sacrifier son fils unique par amour pour lui. La foi d'Abraham était telle qu'il était prêt à le faire. Mais Dieu lui montre un bélier à sacrifier à la place de son fils. Et son fils lui est redonné. Il m'était demandé le même sacrifice, mais je n'étais pas Abraham…

Entre mes deux retraites, j'ai revu Marianne brièvement, qui était effectivement bien accidentée, mais aussi extrêmement courageuse.

En commençant la retraite d'élection, dans cette liberté intérieure et cet état de « sainte indifférence » qui m'était demandé, j'ai très rapidement reçu comme une évidence que mon appel à épouser Marianne était plus fort que jamais. J'étais prêt à assumer son état tel qu'il serait, faisant confiance à la Providence. Mais surtout, je recevais comme un cadeau immense que ma Marianne qui m'était presque arrachée à la vie, me soit redonnée, différente certes, mais resplendissante intérieurement par son courage, sa foi et la lumière de son être qui avait traversé la grande épreuve.

Le 8 septembre 1991, j'arrivais à Bruxelles et demandais Marianne en mariage, alors qu'elle ne s'y attendait pas du tout. De son côté, elle avait totalement remis son avenir entre les mains de Dieu. À voix basse, Marianne m'a dit « oui » car elle ne pouvait pas parler. Nos retrouvailles ont été un temps béni. Ses parents n'en croyaient pas leurs yeux. Leur fille était presque morte le 6 juin, fiancée le 8 septembre et nous annoncions la date du mariage quatre mois plus tard, le 25 janvier 1992 à Bruxelles.

Quelques semaines avant notre mariage, Marianne devait à nouveau être opérée de la gorge. Étonnamment, l'échographie a montré que la corde vocale arrachée s'était régénérée toute seule. L'opération n'a donc pas eu lieu. Marianne a pu prononcer un « oui » audible lors de la messe de notre mariage.

Nous sommes repartis pour le Chili quelques semaines plus tard. Nous avons organisé une grande fête sur place pour associer à notre mariage tous nos amis des quartiers riches et des quartiers pauvres. Cela a été une explosion de joie. Les Chiliens nous disaient fêter une résurrection. Ils nous ont vus partir presque morts, surtout Marianne, et moi affaibli par mon hépatite, ne sachant pas comment allait évoluer notre relation, et voilà qu'ils nous retrouvent sept mois après, debout, emplis de vie, et mariés !

Notre premier enfant, une fille, Maïti, est née un peu plus d'un an après, le 15 mars 1993, à la même date d'anniversaire que Maïti Girtanner, qui a été si importante pour nous. Elle est devenue notre « petite Maïti » !

NOTRE VIE DE COUPLE : UNE GRATITUDE ET UN CHEMIN !

Il faudrait écrire un nouveau livre à deux pour rendre témoignage de la manière dont nous avons été conduits ensemble depuis notre mariage.

Je veux ici dire combien la promesse de l'appel de Dieu s'est réalisée, au-delà de ce que j'imaginais. La vie de couple est une école de transformation au quotidien. Elle est une invitation constante à sortir de soi, ce qui certes est exigeant. Je me retrouve souvent confronté à mon égoïsme, avec une tendance à vouloir imposer mes choix. Dans l'engagement mutuel, je ne peux pas fuir la réalité de mes limites et de mes excès. Il me faut alors revenir vers l'autre, demander pardon, repartir de l'avant.

Je constate aussi la force incroyable que génère la vie à deux. Au cours de ces années, nous apprenons, Marianne et moi, à nous « épouser », c'est-à-dire à ajuster nos personnalités pour permettre à chacun de s'épanouir dans ses talents.

Marianne n'aime pas se mettre en avant. Je suis pourtant impressionné chaque jour de côtoyer une femme exceptionnelle par la complémentarité de son intelligence, de sa générosité et de son rayonnement naturel. Elle irradie de la lumière autour d'elle. Nos enfants et nos amis ne me contrediront pas.

Le 30 janvier 2020, Marianne a été élevée au rang de chevalier de l'Ordre national du mérite par le ministre de l'Économie et des Finances Bruno Le Maire. En citant saint Augustin[1], il a honoré la qualité de son engagement dans la cité et pour le bien commun, comme économiste et responsable de Fondacio en France. Il a aussi souligné le travail de réflexion de Marianne, que ce soit dans l'écriture de livres ou comme enseignante, qui invite le capitalisme à incorporer des valeurs féminines, telles que la gratuité, le respect des ressources de la planète, le sens du long terme et l'attention aux plus faibles. Ainsi, le capitalisme deviendra plus humain, plus responsable et plus durable.

---

1. *La Cité de Dieu* est un livre qu'Augustin d'Hippone (saint Augustin) a écrit entre 413 et 426. La Cité de Dieu « représente ses citoyens unis dans la charité, serviteurs mutuels les uns des autres » (XIV, 28, 1).

Marianne m'apporte au quotidien un regard unique qui me fait évoluer dans ma vision de l'entreprise et mon style de management. Grâce à elle et avec elle, j'ai acquis la conviction que l'entreprise doit exercer un rôle sociétal et pas seulement économique.

CHAPITRE 5

L'ENTREPRISE AU CŒUR DE LA MONDIALISATION

Aujourd'hui, je dirige une entreprise industrielle qui n'a rien à voir avec ce passé chilien. Et j'imagine que cela peut vous intriguer. Mon engagement auprès des personnes pauvres n'est-il pas lointain ? En quoi est-il encore présent en moi ? Cela peut paraître moralisateur de parler des personnes démunies comme si c'était un idéal à atteindre, alors qu'il s'agit du passé. En fait, je crois qu'il y a des saisons dans la vie. L'engagement du Chili a été un creuset permettant de fondre les métaux *a priori* incompatibles de ma vie, l'appartenance à la classe des « gâtés » de ce monde et la rencontre des plus pauvres. Cela a permis une ouverture et une remise en question de mes critères de réussite. Cela a fait éclore en moi le désir d'un engagement au service des enjeux de la société. Hier, la saison était la lutte contre la pauvreté. Aujourd'hui, l'action est tournée vers d'autres défis, écologiques par exemple. Mais le bronze qui résulte de la fusion du cuivre et de l'étain, c'est-à-dire ce désir d'unité entre l'action et l'engagement, demeure. J'ai franchi pour cela un certain nombre d'étapes lors desquelles j'ai continué à me laisser guider par une voix intérieure.

ME FORMER COMME CADRE DANS L'INDUSTRIE

Après notre retour au Chili à la suite de notre mariage, il est apparu assez évident qu'une autre étape s'ouvrait pour la banque Contigo et pour nous. Durant les neuf mois de notre absence en raison de ma maladie et de l'accident de Marianne, les équipes chiliennes, aidées de coopérants européens, ont pris brillamment en main le fonctionnement de l'entreprise. Nous avons donc annoncé que nous revenions pour une année, le temps de transmettre l'ensemble des responsabilités du projet aux équipes chiliennes et de l'enraciner sur des valeurs humaines et spirituelles solides. L'heure était au passage de relais. Reprendre la direction comme auparavant aurait été une erreur.

Cet appel à « quitter » était déroutant pour moi car Contigo constituait les tripes de mes tripes. C'était le lieu où je vivais en unité totale ma passion pour l'entreprise, l'amour des personnes pauvres et ma foi. Alors, pourquoi devais-je partir ?

J'ai beaucoup réfléchi. Comme pour l'appel à créer Contigo, c'est dans la vie de Jésus que j'ai reçu la réponse que j'attendais. Dans l'évangile selon saint Jean (chapitre 16, verset 7), Jésus dit à ses apôtres qui aimeraient le retenir : « Il est bon que je m'en aille car si je ne m'en vais pas, vous ne pourrez pas recevoir l'Esprit Saint, mais si je m'en vais, vous le recevrez. » J'ai compris alors que le sujet n'était pas mon avenir, mais l'avenir de l'œuvre. Et pour le déploiement de l'œuvre, il importait que j'aie le courage de la quitter. En partant, avec l'accompagnement adéquat dans la confiance, je permettais que d'autres se lèvent et emmènent l'entreprise plus loin.

C'est le contraire de la logique du monde de l'entreprise. Souvent, quand on a des responsabilités, on cherche comment en avoir de plus grandes, pour être plus important, avoir plus de pouvoir. Mais voilà que là, l'Esprit me pousse à quitter, à me déposséder de l'œuvre qu'avec d'autres, j'avais contribué à créer.

Je me rendais compte également que Contigo, dont la création avait représenté un véritable lâcher-prise et un risque au départ, devenait un espace confortable qui pouvait même m'apporter une gloire séduisante. Autant, au moment de la création du projet, nous apparaissions comme de jeunes originaux, un peu fous voire irresponsables, autant au fil de la réussite de Contigo, avec nos quelques milliers de clients et un taux de remboursement de 98 %, nous commencions à devenir des exemples et attirions les regards. C'est ainsi que nous avons eu droit à un reportage de TF1, de plusieurs médias, à la visite de députés et sénateurs français. La reconnaissance est appréciable en soi, mais je voyais le piège qu'elle me séduise au point de m'y accrocher.

Qu'allais-je faire ? Imaginer la suite n'était guère facile. Quitter, oui, si Dieu me le demande, mais pour quel nouvel appel ? C'est alors que s'est joué en moi un nouvel abandon. Croire que je devais quitter sans savoir. Quitter pour quitter, dans l'abandon et la confiance.

Un jour dans la prière, une phrase résonna fortement en moi : « Je t'appelle à redevenir un homme comme un autre, parmi les autres. » J'ai accueilli cela comme une invitation à expérimenter la vie normale d'un jeune professionnel de 29 ans, découvrant le monde de l'entreprise tel qu'il est. Certes, cela serait moins glorieux qu'être sous les projecteurs d'une banque des pauvres. Mais il m'était demandé de vivre cet enfouissement dans une entreprise normale, pour comprendre l'entreprise de l'intérieur, avec ses richesses et ses contradictions. Il me semblait que je ne pourrais pas contribuer à donner du sens au monde économique si je ne plongeais pas dedans.

Marianne et moi sommes alors revenus en France, avec notre petite Maïti qui avait à peine trois mois. Le contrôle des passeports nous a réservé quelques surprises car j'avais un passeport français, Marianne un passeport belge et Maïti juste un passeport chilien comme enfant née au Chili, le Chili pratiquant le droit du sol. Nous avons dû expliquer longuement que notre bébé n'était pas une enfant volée…

Quitter ce Chili que j'aimais était une nouvelle étape pour moi, comme pour nous. J'avais tant reçu de ce pays ! Ces années m'ont construit, forgé à l'intime de moi-même. J'y suis arrivé avec la fougue de mes 22 ans, persuadé que je venais aider ce pays « en voie de développement ». Mais en fait, durant ces sept années, ce sont les relations tissées avec les Chiliens qui m'ont transformé. L'épreuve de la réalité m'a montré que je ne pouvais rien tout seul, mais que j'avais besoin des autres.

Les pauvres des *poblaciones* et de la Communauté Santa Ana m'ont fait découvrir que j'avais de la valeur, non pas pour mon diplôme ou mes performances, mais pour moi-même, tel que j'étais, avec mes forces et mes faiblesses. En m'aimant ainsi et en m'invitant à me laisser aimer gratuitement, ils m'ont fait le cadeau de la liberté.

Par la création de la banque Contigo, j'ai découvert l'impact que pouvait générer une vision partagée avec des personnes différentes. J'ai accueilli que mon rôle consistait à fédérer les équipes autour d'un projet et de nourrir l'unité entre tous. J'ai compris aussi que toute action féconde naît de la rencontre.

La France de mai 1993 était entrée en récession économique. Retrouver un travail n'était pas facile. J'ai naturellement cherché dans la banque, porté par mon expérience bancaire chilienne. J'ai reçu quelques offres dans les inspections générales des banques, mais je ne m'y voyais pas vraiment. Quelque chose me manquait. Je n'arrivais pas à saisir quoi exactement. Et puis un jour, alors que je postulais dans une banque de gestion de fortune, le recruteur m'a dit : « Le plus important dans notre établissement, c'est que vous ne preniez jamais aucun risque. » J'ai alors compris que Contigo avait été une aventure de création d'entreprise avant d'être une banque. C'était en fait une expérience de « crédit-risque ». J'étais animé par le risque d'entreprendre !

En parallèle, j'ai eu un entretien avec le directeur des cadres internationaux du groupe de chimie mondiale Rhône-Poulenc[1]. L'activité de ce groupe industriel n'avait rien à voir avec mes expériences passées, et pourtant nous nous sommes « rencontrés ». Cet homme a immédiatement compris l'esprit entrepreneur qui m'animait et m'a dit : « Dans un grand groupe comme le nôtre, nous avons besoin de jeunes capables de sortir des sentiers battus et d'entreprendre en étant à l'écoute des clients et en prenant des risques. Or c'est ce que vous avez réalisé : vous avez risqué d'entreprendre dans un autre pays, une autre culture. Vous avez appris à vous adapter, à trouver des solutions devant les difficultés. Donc, j'aimerais que vous puissiez nous rejoindre. »

---

1. Rhône-Poulenc n'existe plus aujourd'hui. C'était le premier groupe chimique et pharmaceutique d'origine française. En 1998, sa branche chimique a donné naissance à Rhodia, qui a ensuite été absorbé en 2011 par le groupe chimique belge Solvay. La branche pharmaceutique de Rhône-Poulenc a fusionné avec Hoechst pour constituer Aventis, qui a ensuite été absorbé en 2004 par Sanofi.

L'offre qui m'a été proposée correspondait à un jeune cadre qui aurait accompli neuf ans de carrière dans ce grand groupe. J'y ai vu un clin d'œil bienveillant car durant ces sept années au Chili, combien de fois m'avait-on dit : « Attention, tu restes trop longtemps loin de France comme coopérant volontaire. Tu risques de mettre ta carrière en l'air. » Finalement, en risquant de perdre, en suivant mon appel intérieur, j'avais gagné plus et mieux. Cela me permet de dire à des plus jeunes de 18 à 35 ans : « Soyez vous-mêmes, suivez vos désirs profonds de vous donner dans des projets qui ont du sens pour vous, qui vous rendent heureux. Si vous suivez la voie intérieure de votre être, vous ne pouvez pas vous tromper car l'élan, l'enthousiasme, la vitalité que vous dégagerez vous entraîneront sur un chemin positif pour vous. »

Je suis ainsi devenu responsable marketing-ventes, puis responsable d'un centre de profit mondial de produits industriels pendant trois ans.

Jacques, un ami, me disait récemment : « C'est tout de même un peu bizarre ton parcours, à ce moment-là. Tu passes comme cela des plus pauvres du Chili à une entreprise multinationale du CAC 40. N'as-tu pas eu l'impression d'une régression dans ton engagement, d'un renoncement à ton idéal ? Ou d'être un pion d'un système économique qui te dépasse ? Quel sens voyais-tu à tout cela ? » Cette période a été en effet étrange par certains aspects. C'était moins exaltant que de me donner aux autres comme au Chili. Mais je percevais que ce passage était nécessaire, comme le bulbe de la tulipe doit être enfoui en automne pour fleurir au printemps, comme l'arbre perd ses feuilles en hiver et doit suivre les saisons. Plutôt que de décrire le contenu de ma responsabilité, ce qui serait trop long, je dirais que j'ai vécu durant cette période une école d'humilité. Accepter d'apprendre, de me former. Comprendre ce que vivent la plupart des personnes en entreprise. J'ai connu des moments arides parfois, ne comprenant pas toujours la logique de cette étape. Il m'est arrivé d'être mal à l'aise dans certaines situations, mais avec le recul, je comprends que cette étape au sein de la chimie de Rhône-Poulenc (devenue Rhodia après) a préparé ce que je vis aujourd'hui chez Armor.

Je suis extrêmement reconnaissant vis-à-vis de mes collègues et patrons qui m'ont formé avec patience et m'ont fait confiance. Au début, imprégné de la spontanéité chilienne, je tutoyais tout le monde, avec beaucoup de liberté. Ma naïveté les faisait sourire !

Ces années de formation, enfouies dans cette grande entreprise, avaient quelque chose qui, toutes comparaisons mises à part, me faisaient penser à la vie de Jésus à Nazareth. Je ne vivais rien d'extraordinaire extérieurement, mais j'apprenais à connaître et aimer le monde de l'entreprise. M'ancrer dans le réel des relations internationales. Oser me battre pour gagner des clients dans des marchés extrêmement concurrentiels. Apprendre le marketing industriel. Découvrir des segments inexplorés à exploiter, qui ont permis d'accroître fortement la rentabilité de l'activité dont j'étais responsable.

AU JAPON : LE *NEMAWASHI* COMME ART DU MANAGEMENT

Au bout de trois ans, alors que j'étais programmé pour un départ aux États-Unis, mon patron m'appelle et me dit : « Hubert, une opportunité se présente pour prendre la direction des activités de *trading* de Rhodia au Japon. Il faudrait que tu donnes ta réponse d'ici 48 heures. » Nouvelle déstabilisation, nouveau discernement avec Marianne, et nous voilà partis pour Tokyo avec Maïti, qui avait 4 ans, Xavier, 3 ans et Vianney, 3 mois. Ne les connaissant pas, les Japonais pour moi étaient des extraterrestres. Du coup, j'avais peur de nous expatrier là-bas avec notre famille. J'ai alors appelé un ami qui avait vécu au Japon. Il m'a dit : « Tu n'hésites pas, tu y vas. » Marianne était en congé de maternité à l'autre bout de la France avec les enfants. Je l'ai appelée. Après une réflexion approfondie, nous avons choisi de dire oui. J'ai eu une chance énorme d'être encouragé et soutenu par mon épouse. Elle a accepté de quitter son poste d'enseignante en sciences économiques et sociales au centre Madeleine-Daniélou à Rueil-Malmaison, qu'elle aimait tant. Je savais que c'était un arrachement pour elle.

Après les adaptations nécessaires à cette culture si différente de la nôtre, ce séjour au Japon a été un temps familial merveilleux qui nous a permis de découvrir la finesse et l'esprit collectif de ce peuple.

Professionnellement, j'avais la responsabilité de développer l'activité de Rhodia au Japon, en supervisant une soixantaine de collaborateurs japonais. Le président de Rhodia au Japon, Gilles, m'avait dit en me confiant cette responsabilité : « Au Japon, l'autorité est reconnue par les cheveux blancs. Or tu es jeune. Il n'est donc pas possible que je te présente d'emblée comme directeur général. Il va falloir que tu fasses tes preuves avec patience et humilité. Donc au début, ton bureau sera au milieu de notre personnel japonais. » J'ai accepté d'arriver par la petite porte et ai finalement beaucoup reçu de cette expérience. De fait, le titre de la carte de visite ne suffit pas à attirer le respect. L'autorité vient de ce que l'on transmet par notre manière d'être. Gilles a été pour moi un exemple de dirigeant humaniste. Quand je montais à l'étage lui exposer un sujet stratégique ou une question managériale, il arrêtait d'un coup ce qu'il faisait pour se rendre disponible. Il écoutait, posait des questions, confortait, encourageait. J'ai appris de lui combien l'attention à l'autre est la qualité première nécessaire pour diriger des équipes.

J'ai également beaucoup appris de l'esprit japonais, notamment du concept de *nemawashi*, qui est l'acte de préparer la terre d'un arbre que l'on veut transplanter d'un endroit à un autre. En termes de management, c'est le contraire de la décision imposée *top-down*. Cela veut dire prendre le temps de préparer les personnes à une décision en les y associant. Ce processus peut prendre du temps, mais en revanche, quand une décision est prise, le fait d'avoir associé les équipes facilite son adhésion et son application. Cette expérience de management participatif continue de m'inspirer dans ma manière de diriger Armor aujourd'hui.

CONFRONTÉ À L'ENJEU DU DÉVELOPPEMENT DURABLE EN CHINE

À la suite de deux années au Japon, j'ai été nommé vice-président Asie-Pacifique de l'une des trois divisions du groupe Rhodia, tournée vers les marchés de l'alimentaire, de la parfumerie et de la pharmacie. Le siège de mon activité était à Hong Kong. Nous avons donc à nouveau déménagé en famille. Notre dernier enfant, Jean, y est né fin 1999.

Hong Kong est une ville fascinante, où se mêlent les cultures britannique et chinoise. Une agitation entrepreneuriale tire l'économie, qui ne cesse de se développer. Cette ancienne colonie britannique est devenue la troisième place financière et le cinquième port du monde.

Parmi mes responsabilités, je devais mener des acquisitions de sociétés, principalement en Chine. J'ai ainsi identifié et racheté plusieurs concurrents chinois de Rhodia, dont un fabricant de paracétamol et un producteur de vanilline[1].

L'entreprise de fabrication de paracétamol que nous avions identifiée dans la région de Wuxi appartenait au gouvernement chinois. Il a donc fallu négocier son acquisition avec les membres du parti communiste. À ma grande surprise, alors que j'imaginais que ces négociations seraient très difficiles, le parti communiste nous a ouvert toutes les portes, jusqu'à proposer des exemptions de taxes pendant 5 ans. J'ai compris alors que la Chine n'avait plus de communiste que le nom. Depuis que Deng Xiaoping avait réintroduit à marche forcée le capitalisme au sein du communisme, les Chinois ont adopté une démarche pragmatique. « Peu importe que le chat soit blanc ou gris tant qu'il attrape les souris », disait celui qui fut le grand stratège de la Chine contemporaine. L'enjeu du pays n'était plus d'appliquer le communisme, mais de garantir son unité et la survie du régime. Pour cela, le parti devait conjuguer le libéralisme économique avec le maintien d'une dictature politique. Le rachat par Rhodia de cette entreprise chimique et pharmaceutique déficitaire allait lui assurer un avenir, avec l'espoir que l'amélioration de son résultat permettrait tôt ou tard de renflouer les finances de la ville, et indirectement du parti.

L'autre expérience, celle du rachat d'une entreprise de production de vanilline chinoise, a été le déclencheur d'une prise de conscience qui fut décisive dans ma compréhension du rôle de l'entreprise dans la société. Nous avons signé les accords de rachat le 11 septembre 2001, au moment où les

---

1. Arôme de vanille pour les produits alimentaires et les parfums.

avions fous de Ben Laden s'encastraient dans les tours du World Trade Center à New York. Plus que les considérations sur l'avenir de la planète, les esprits étaient préoccupés par les conséquences du terrorisme islamiste. Pour Rhodia, l'enjeu était de saisir le *momentum* de l'ouverture de la Chine au capitalisme pour s'y implanter. Rhodia était le leader mondial dans la production de vanilline, mais avait perdu en moins de deux ans 16 points de parts de marché, en raison de concurrents chinois à bas coûts.

Après avoir analysé le marché, j'ai engagé des négociations pour le rachat de l'un de nos concurrents, situé dans la région de Hangzhou. Cette société était très compétitive, ce qui lui permettait de vendre des produits à des prix défiant toute concurrence. J'ai découvert grâce aux audits approfondis de la société que cette compétitivité n'était pas seulement liée au bas niveau des salaires. En arrivant à l'usine, les propriétaires vantaient les mérites de leur système de traitement des produits chimiques. Nous pouvions même voir des poissons rouges nager dans les bacs d'eaux traitées. Simplement, nous n'avions pas encore repéré l'entourloupe ! En effet, après analyse, il s'avérait que 90 % des effluents chimiques de l'usine étaient envoyés dans les nappes phréatiques qui alimentaient les villages alentour, expliquant les maladies ou déformations de certains nouveau-nés. Ensuite, les 10 % restants étaient dilués dans une quantité d'eau neuf fois supérieure, et les poissons rouges étaient discrètement mis dans des bacs un quart d'heure avant les visites. Par ailleurs, nous avons découvert que les employés n'avaient pas de sécurité sociale, que les jours théoriques de congé ne leur étaient pas accordés et qu'aucune mesure de sécurité n'était appliquée : pas de lunettes ni chaussures de protection, pas de sécurité en cas de fuite ou d'incendie sur les machines. La liste pourrait être longue. Enfin, le procédé chimique de fabrication de la vanilline chinoise contenait du chlore, ce qui n'était pas sans risque pour la consommation alimentaire.

J'ai alors pris conscience du décalage qui existait entre une entreprise française comme Rhodia qui investissait lourdement dans le traitement des effluents et pour la sécurité, et cette entreprise chinoise qui, comme beaucoup d'autres en Chine, n'avait aucune exigence sur ces sujets. Évidemment, les coûts chinois étaient plus bas et le différentiel dépassait de loin celui des salaires. L'absurdité du système conduit à fermer des usines en Europe, non en raison des coûts salariaux plus bas en Chine, mais parce que les règles y sont moins contraignantes. Une entreprise française ou européenne va devoir engager des investissements importants pour l'environnement ou la sécurité, ce qu'une entreprise chinoise ne fera pas. En revanche, leurs produits pourront être importés tout à fait légalement en Europe, créant une concurrence directe aux entreprises qui respectent les règles.

Ce constat a amené une réflexion éthique de taille. Fallait-il maintenir le fonctionnement « à la chinoise » pour préserver le bas niveau de coûts de cette usine vis-à-vis de ses autres concurrents chinois ? Ou devions-nous lui appliquer les standards de Rhodia en matière de sécurité et d'environnement, en acceptant que celle-ci devienne moins compétitive que ses autres concurrents chinois, mettant ainsi en péril le retour sur investissement de cette acquisition ?

Cette réflexion m'a poussé à m'engager. Il me paraissait inconcevable de continuer à mettre en péril la santé et la sécurité des personnes. Investir pour relever les standards de production me paraissait une évidence. La question devenait donc : comment rester compétitif dans ce cadre et regagner des parts de marché dans ce contexte concurrentiel ? Une analyse rigoureuse de la situation a permis de dégager une piste passionnante. Les procédés chinois de production de la vanilline contenaient une dose de chlore, qui était plus défavorable pour l'environnement que le procédé de fabrication de Rhodia. Nous avons donc décidé d'investir sur le site industriel pour le rendre conforme aux standards de sécurité, de qualité et d'environnement de Rhodia, tout en mettant en avant les atouts de notre procédé de fabrication *chlorine free*[1]. Cette usine chinoise produisait la seule vanille de synthèse sans chlore du marché, ce qui justifiait son coût supérieur. J'ai donc mis en valeur nos produits pour bien les différencier de ceux de nos concurrents chinois. J'ai par ailleurs expliqué les engagements que nous prenions pour la protection des personnes et de l'environnement.

Aujourd'hui, vingt ans plus tard, Rhodia, devenu Solvay, a réussi à rester *leader* mondial dans la vanilline.

À l'époque, peu de dirigeants s'engageaient pour un développement durable. Beaucoup d'entreprises ne s'étaient pas encore emparées de cette préoccupation. C'est par la constatation des dégâts causés par le non-respect d'un développement durable que j'ai pris conscience de l'enjeu et ai été poussé à le faire.

LA FACE SOMBRE DU GRAND GROUPE : LE MANAGEMENT PAR LA PEUR ET LA PRESSION

Après cinq ans en Asie, l'heure du retour en France avait sonné. J'ai été nommé directeur général des ingrédients

1. Sans chlore.

pharmaceutiques du groupe Rhodia, basé à Lyon, qui regroupait environ 1 600 personnes dans le monde. Cette activité souffrait d'un manque de rentabilité. Mon prédécesseur avait lancé la fermeture de deux usines aux États-Unis. Il m'appartenait de la terminer, tout en restructurant et développant les usines de paracétamol et d'aspirine en France, en Thaïlande et en Chine.

Je suis revenu au siège du groupe dans un contexte tendu et difficile. En 2003, lourdement endetté, fragilisé par la hausse du prix des matières premières et le ralentissement économique mondial, Rhodia allait mal. Les résultats étaient en berne. Moody's[1] dégrade la dette du groupe en *junk bond*. La gestion du président de Rhodia, Jean-Pierre Tirouflet, était fort critiquée. Depuis sa mise en Bourse en 1998, Rhodia a vu son cours baisser de 21 euros à son introduction, à 6 euros environ en 2003, et il est même descendu en dessous de 2 euros. La pression était très forte.

Je continuais à faire partie du comité de direction mondial de l'une des trois divisions du groupe, non plus comme dirigeant de l'Asie, mais comme dirigeant de l'une des activités de cette division. J'ai eu deux patrons successifs, dont les méthodes de management étaient opposées à celles qui m'avaient porté et épanoui en Asie.

Le premier dirigeant était un polytechnicien avec une longue expérience de directeur industriel. L'homme avait des côtés sympathiques, mais il dirigeait de manière très froide. Je me souviens d'un comité de direction où il a voulu nous imposer sa compréhension des méthodes de management de Jack Welch, qui ont fait sa réussite à la tête de General Electric. Il en avait retenu l'un des aspects, la « différenciation »,

1. Moody's est une agence de notation financière des entreprises cotées en Bourse.

qui consiste à évaluer les salariés en trois catégories, selon leurs performances : les 20 % les plus efficaces, les 70 % du milieu et les 10 % les moins bons. Les premiers seront promus, les derniers seront virés, selon le principe du *up or out*. Ce dirigeant ne retenait malheureusement que ce principe des méthodes de Jack Welch, en oubliant ses autres conseils de management comme l'incitation à partager une vision, à communiquer de l'énergie positive, à donner confiance à ses équipes et à fêter les victoires. Je me souviens de cette réunion où il nous a dit : « Vous devrez virer 10 % des membres de vos équipes d'ici la fin de l'année, et d'ailleurs ce sera la même chose pour vous : je virerai 10 % d'entre vous. » Ambiance.

Je lui ai alors dit : « Tu nous fixes des objectifs de résultats. Que nous devions les atteindre est une chose que je peux comprendre. Mais j'estime que c'est à nous de déterminer comment nous gérons nos équipes. Si nous atteignons les résultats fixés, comment peux-tu nous forcer à en éliminer certains ? » Il a répondu : « Même si vous dépassez les objectifs fixés, j'exige que vous vous sépariez des 10 % les moins performants. Ainsi, les membres de vos équipes se surpasseront car ils auront peur de faire partie de la liste. » L'un des collègues de notre comité a ainsi été licencié de manière totalement injuste et arbitraire. Les « belles » théories de ce patron ne l'ont pas empêché d'engager une OPA de 500 millions de dollars sur la start-up de synthèse à façon pour l'industrie pharmaceutique ChiRex, l'une des acquisitions les plus coûteuses de l'histoire de Rhodia, qui n'a pas délivré les résultats attendus et a contribué à fragiliser le groupe.

Je ne pouvais être qu'en désaccord avec ce style de management tellement différent de l'attention aux personnes dont j'avais pu bénéficier en Asie. Il faut oser dénoncer ce type de pratiques « anthropophages[1] » par lesquelles on cherche à affaiblir, voire à écraser l'autre. Ces mécanismes génèrent de la peur, du manque de confiance en soi et une concurrence néfaste entre collaborateurs, en contradiction totale avec l'esprit d'équipe.

Le deuxième dirigeant était un homme très ambitieux, brillant par son intelligence et son sens stratégique aiguisé. Il avait gravi les échelons très rapidement.

Son exigence extrême était connue. Il s'était séparé de mon prédécesseur, qui avait pourtant accompli un travail reconnu par tous. La mission qui m'était confiée était délicate car le contexte concurrentiel était défavorable, je le savais. Je n'avais pas idée en revanche de la bataille permanente que j'allais devoir mener pendant deux années, non seulement pour redresser cette activité, mais aussi pour lutter contre l'oppression permanente exercée par mon nouveau patron. Il m'avait déclaré au départ qu'il m'avait choisi pour ma performance passée. Mais rapidement le ton a changé. C'est comme s'il avait décidé d'initier une relation de duel entre nous, de laquelle il devait sortir vainqueur. Le rapport de force était évidemment en sa faveur car il pouvait décider de mettre fin à mes fonctions, ce qui n'était pas mon cas. Il cherchait toutes les occasions de me mettre à l'épreuve, ce qui m'a fait beaucoup progresser. Je luttais car je voulais réussir, mais quoi que j'accomplisse, ce n'était jamais suffisant pour lui.

1. Dans son ouvrage *La Coévolution créatrice* (Paris, Rivages/Les Échos, 1987), Silvère Seurat stigmatise les organisations « anthropophages », qui détruisent leurs collaborateurs. À l'inverse, le manager « anthropogène » vise à développer la personne en profondeur en lui accordant sa confiance.

Si je réussissais, ce n'était jamais grâce à mes actions, c'était en raison de circonstances externes. Mes équipes étaient jugées incompétentes. Je n'étais pas assez dur avec elles. Si je gardais tel ou tel, c'était un manque de courage de ma part. Quand je devais prendre l'avion un dimanche après-midi en sa compagnie, le voyage devenait l'occasion d'une pression interminable. Petit à petit, je perdais confiance en moi. Je ne savais plus qui j'étais. Pour reprendre des forces, je fermais les yeux et repensais au regard bienveillant et positif de Gilles, mon patron lorsque j'étais au Japon. Cela me redonnait de la force, pour me préparer au combat d'après.

Au-delà des difficultés que je rencontrais à titre personnel dans ma relation avec ce dirigeant, mes équipes souffraient également de se sentir déconsidérées. Un jour, nous devions présenter notre stratégie pour l'année suivante. Lors de la présentation faite par le directeur marketing, mon patron prend la parole et lui dit sur un ton dépréciant : « Tu ne t'es jamais demandé pourquoi tu étais encore dans cette équipe ? Tu devrais te poser la question… » Ce collaborateur est venu me voir après pour me dire : « Hubert, tu sais combien je t'apprécie, mais j'ai été humilié en public par notre patron devant toute l'équipe. J'ai perdu ma dignité. Je ne peux pas rester. » J'ai eu une explication très franche après avec le dirigeant de la division, lors de laquelle je lui ai exprimé mon insatisfaction totale pour sa manière de casser les personnes, qui ne correspondait pas à mes convictions.

À partir de ce moment-là, je sentais bien que je n'étais plus soutenu. Ce patron cherchait la faille pour me déstabiliser, ainsi que l'équipe. Or paradoxalement, les résultats de notre activité s'amélioraient. Il m'a alors placé sous la responsabilité de l'un de mes collègues, un Anglais qui gérait les autres activités pharmaceutiques de la division aux États-Unis, avec l'intention de faire déménager toute notre équipe de Lyon vers le siège de Rhodia dans le New Jersey. L'activité que je dirigeais représentait les deux tiers du pôle pharmacie de la division. Regrouper les deux activités permettait au dirigeant anglais de renforcer son périmètre de responsabilité. Et comme ce dirigeant avait fait allégeance à notre patron commun, cela arrangeait l'un et l'autre. La délocalisation aux États-Unis de l'activité que je dirigeais ne présentait aucun avantage stratégique, au contraire. Les deux usines américaines avaient été fermées. Faire partir les équipes là-bas nous éloignait des usines françaises et rendait pratiquement impossible le suivi des usines asiatiques avec 12 heures de décalage horaire. Par ailleurs, 70 % des clients comme Glaxo, Sanofi, Aventis étaient européens. Cette décision revenait à déserter notre terrain d'action.

J'ai vite compris que le sujet n'était pas la cohérence stratégique. Je m'affrontais à une volonté de pouvoir. Je trouvais totalement irresponsable de mettre en péril la situation professionnelle des 30 membres de mon équipe lyonnaise et l'activité entière de 1 600 personnes pour des questions d'ego. Je me suis donc opposé à cette décision en demandant quelle était la motivation véritable de cette injonction. Il m'a été répondu qu'il fallait réduire les coûts de notre activité. Après avoir demandé confirmation de l'objectif, j'ai relevé le défi et proposé de préparer un plan de réduction de coûts qui n'obligerait pas à délocaliser. Avec Wouaïd, qui était le contrôleur de gestion, nous avons travaillé jour et nuit. Nous devions présenter notre plan au dirigeant anglais par visioconférence. Nous étions sereins car il avait été préparé de manière très rigoureuse, sans rien négliger. Au fur et à mesure de la présentation, nous voyions notre interlocuteur embarrassé. À la fin, il me dit : « Hubert, Wouaïd peut-il quitter la salle ? » Puis visiblement très gêné, il me dit : « Le plan que vous avez préparé va au-delà de nos attentes tellement il est professionnel. Vous avez présenté des réductions de coûts supérieures à ce que j'imaginais possible. Malheureusement, la décision de refuser ton plan et d'obliger la délocalisation de ton équipe a été prise avec le patron de la division avant ta présentation. Et comme tu la contestes, nous devons nous séparer de toi pour désaccord stratégique. » J'ai évidemment été choqué par cette décision, mais plus encore par le procédé pervers utilisé. J'avais agi avec loyauté, répondant à l'objectif demandé. Mais le jeu de l'ego était trop puissant. Je ne pouvais plus lutter. J'avais perdu.

Beaucoup de dirigeants du groupe me soutenaient en privé, considérant que la décision de délocaliser l'activité était absurde. Plusieurs clients se sont même exprimés en disant leur étonnement. Mais tous avaient peur d'affronter ce grand dirigeant français de manière frontale. Ce patron avait gagné son duel. Il était satisfait. Comme dernier acte de management, il a exigé, pour pouvoir toucher des indemnités de rupture de contrat, que je reste à la tête de l'activité durant quatre mois, en taisant mon licenciement aux équipes et en laissant croire que la décision de délocalisation n'était pas encore prise. Ayant une famille de quatre enfants et des dettes à rembourser, je n'ai pas eu d'autre choix que de me soumettre. Cette situation était insupportable.

Je suis reparti affaibli par cette épreuve. Au-delà de mon échec à convaincre, les critiques permanentes et la pression subies avaient atteint mon auto-estime. Mon style de management fondé sur l'esprit d'équipe et la confiance en l'autre avait été dénigré comme s'il était un signe de faiblesse. Progressivement s'était instillé en moi un doute sur ma capacité comme dirigeant d'entreprise.

Peu après mon départ de Rhodia, j'ai suivi une formation qui m'a aidé à me relever de cette épreuve. Je me considérais victime d'une injustice et avais du mal à sortir de cet état d'esprit négatif. J'ai alors compris qu'il fallait que je reconnaisse aussi ma part de responsabilité dans cet échec. Par peur de perdre mon job et mes avantages de cadre dirigeant, et voulant protéger mon image de bon élève qui réussit, je n'avais pas eu le courage de m'opposer plus tôt avec fermeté à ce fonctionnement pervers. J'avais fini par me laisser entraîner dans une spirale de reproches permanents qui avait sapé ma confiance en moi et m'avait fait douter de mes capacités. Reconnaître ma part de responsabilité dans l'épreuve vécue m'a permis d'en tirer des enseignements constructifs. J'ai alors osé aller plus loin pour tourner cette page négative. Quelques semaines après mon départ de Rhodia, j'ai appelé un samedi matin mon ancien patron pour lui dire : « Mon appel va sans doute te surprendre. J'ai pris conscience que je n'ai pas su saisir tes nombreuses critiques comme des occasions de progrès pour moi. Je n'ai pas eu non plus suffisamment de courage pour refuser certaines méthodes. Cela n'a pas aidé à développer une relation professionnelle constructive entre nous. J'en prends ma part de responsabilité. Au fur et à mesure des critiques reçues qui ont conduit à mon départ, j'ai douté de moi, de ma capacité à être un dirigeant d'entreprise compétent. Mais aujourd'hui, j'ai compris que ma manière de diriger était différente de la tienne. Je voulais t'annoncer que j'ai décidé de devenir un dirigeant d'envergure en étant fidèle à mes convictions. Je sais que j'en suis capable et je le ferai. » À l'autre bout du téléphone, j'ai entendu un silence, puis mon ancien patron a dit : « Je suis surpris en effet par ton appel. Je voulais te dire qu'en fait, je n'ai aucun doute sur ta capacité à réussir. » De manière très étonnante, ces paroles positives étaient les premières et les uniques qu'il m'ait jamais formulées. Je ne cherchais même pas à avoir de réponses. Mon objectif était simplement de repartir de l'avant, en quittant l'amertume et en retrouvant ma dignité. J'étais fier d'avoir osé poser cet acte de courage et de vérité. De fait, je n'ai plus d'amertume devant l'épreuve subie. En revanche, je dénonce ces styles de management fondés sur le rapport de force. Je ne crois pas au bienfait sur le long terme d'un management par la pression et par la peur.

Même si cette période a été difficile à vivre, je considère qu'elle m'a construite. J'en ai reçu un sens stratégique et la conviction encore plus forte que je veux appliquer un management par la confiance. Avoir vécu cette épreuve m'a permis de comprendre comment le harcèlement dans l'entreprise déstabilise les personnes, en leur faisant perdre pied et douter de leurs qualités. J'ai aussi compris que la seule manière positive de tourner la page d'épreuves subies ou d'échecs est de sortir de la victimisation. Ce n'est pas en se considérant éternellement comme une victime que l'on guérit, mais en reconnaissant sa part de responsabilité dans la façon dont on répond à la situation vécue. Parfois, c'est de ne pas avoir pu ou su dire « stop ». Parfois, c'est de s'être fait complice du mal. Cela peut être aussi d'avoir maintenu une situation désagréable par confort, en voulant maintenir des privilèges. C'est souvent le piège des stock-options et autres avantages offerts par les grandes entreprises. Quitter une situation insatisfaisante ou manifester un désaccord devant une situation insupportable demandent du courage, notamment celui de quitter les privilèges, les avantages financiers et le statut obtenu au long de sa carrière professionnelle.

L'Esprit qui vient de Dieu est un Esprit de liberté et de vérité. Suivre l'Esprit, c'est parfois savoir démasquer les aliénations et les mensonges, et oser dénoncer la perversité. C'est aussi placer la liberté de l'être avant l'emprisonnement de l'avoir et du pouvoir.

CHAPITRE 6

AIMER L'ENTREPRISE

LE DÉSIR D'UNE UNITÉ DE VIE

Durant cette période qui a suivi le départ de Rhodia, je ressentais le doute lié à la perte de ma responsabilité précédente, le vide de l'incertitude, mais en même temps la liberté de pouvoir écrire une nouvelle page de ma vie.

J'aspirais à vivre une synthèse entre ces sept années d'entrepreneuriat « pour les autres » au Chili au sein d'un projet qui avait du sens, et l'expérience de management international acquise durant les onze années suivantes chez Rhodia.

Je désirais également une vraie responsabilité d'entreprise. Dans un grand groupe, même si on a le titre de directeur d'une *business unit* ou d'une entreprise, au sens d'une filiale, les domaines de responsabilités sont limités. Les relations avec les banques et les actionnaires sont gérées par la direction financière du siège. Les sites industriels sont souvent partagés entre plusieurs entreprises du groupe, et ceux-ci sont dirigés par un directeur de site qui rapporte au directeur industriel. Les comités d'entreprise et les relations sociales sont également centralisés. Toute décision sur les marques doit en référer au directeur marketing. Et même les ventes sont parfois animées par un directeur des ventes de la division ou d'un marché qui englobe plusieurs entreprises. Je trouvais également très démotivant de miser sur mes collaborateurs, les faire grandir, nouer un esprit d'équipe avec eux et constater que la direction des ressources humaines pouvait du jour au lendemain décider la mutation de l'un ou l'autre d'entre eux ailleurs, sans concertation préalable. Finalement, diriger une entreprise dans un tel groupe se réduit à bâtir une stratégie de développement de l'activité et devoir composer avec l'ensemble des instances du groupe pour mettre en place les actions souhaitées. Cela permet certes de déployer des qualités « politiques » de diplomate et de négociateur, mais l'exposition est bien différente de celle d'un entrepreneur. Le principe des grands groupes, comme dans les grosses structures de la fonction publique, est d'offrir une carrière. L'intérêt est de passer d'un poste à un autre. L'inconvénient est que chacun est poussé à se mettre en tête, à peine nommé dans un nouveau poste, la préparation de la mutation suivante. Cela favorise une propension à prendre des décisions de court terme. Cela peut aussi parfois pousser les cadres dirigeants à passer beaucoup de temps à soigner leur image et faire de la politique, plutôt que de prendre soin de leur activité et de leurs équipes.

C'est pour ces raisons que je souhaitais diriger une entreprise dans sa globalité, incluant la relation aux banques, aux investisseurs et avec les partenaires sociaux, afin de pouvoir y appliquer mes convictions. Je voulais exercer une saine ambition, construire un esprit d'équipe, expérimenter un management par la confiance.

J'étais en lien avec plusieurs chasseurs de têtes. Un jour, l'un d'entre eux m'appelle pour me proposer de prendre la direction d'une entreprise industrielle. Lors de l'entretien, il m'explique qu'il s'agit d'une entreprise qui a connu beaucoup de conflits sociaux et de turbulences, qui a des enjeux stratégiques importants et a besoin d'un dirigeant « capable de fédérer les équipes autour d'un projet d'entreprise ». Cette phrase a fait l'effet d'un « flash » en moi. Je me suis dit : « Ça, c'est pour moi ! Recréer un projet d'entreprise avec les équipes, les rassembler autour de ce projet, c'est exactement ce que je désire. » Je lui demande alors : « Où se situe cette entreprise ? » Il m'explique qu'il ne peut pas m'indiquer la localisation de l'entreprise car celle-ci appartient à un homme politique. Celui-ci souhaite que le recrutement soit mené en toute confidentialité. Il me dévoile tout de même que le siège est situé dans l'ouest de la France. Mon visage s'assombrit alors car j'avais promis à mon épouse que nous resterions en région parisienne, afin qu'elle puisse poursuivre son travail. Je décline l'offre avec regret et reviens à la maison.

Quand je lui explique la situation, Marianne me dit : « Mais cette responsabilité est faite pour toi ! Ne te préoccupe pas de mon job, je trouverai bien autre chose. Tu as mon soutien. » Quand je dis que Marianne est pour beaucoup dans ce que je suis et deviens, en voilà une preuve !

J'ai repris alors le processus de recrutement qui m'a permis de rencontrer les actionnaires familiaux d'Armor, en la personne d'Antoine Rufenacht, ancien maire du Havre[1], et ses fils, Charles et François. Mon prédécesseur étant en conflit avec les actionnaires pour diverses raisons, dont un manque de transparence à leur égard, mon recrutement était confidentiel. Je n'ai donc pas pu visiter l'entreprise ni rencontrer quelques membres de son équipe de direction, ce qui représentait un risque, bien sûr. C'est donc sur la seule rencontre des membres du conseil d'administration que je devais faire

1. Il a été le président non exécutif d'Armor jusqu'en 2008 et a transmis la mairie du Havre à Édouard Philippe en 2010.

mon choix. Je me souviens très bien de ma première rencontre avec Antoine Rufenacht, dans le lobby de l'hôtel Meurice à Paris. Par quelques questions et un échange très naturel, nous étions en phase. Le principe était clair : il me confiait les clés de l'entreprise ; j'en étais le dirigeant ; ce que lui et les autres actionnaires attendaient de moi était ma loyauté. J'ai tout de suite ressenti une grande confiance de sa part. Il m'inspirait du respect et de l'admiration. Je peux dire aujourd'hui ma grande reconnaissance pour Antoine Rufenacht, malheureusement parti trop tôt[1] : un homme qui a fait honneur à la politique, par sa droiture et son honnêteté exemplaires. J'ai eu un immense plaisir à œuvrer pour lui et avec lui, dans une totale confiance et autonomie. De mon côté, j'ai eu beaucoup de satisfaction à donner le meilleur de moi-même pour atteindre les objectifs que nous nous étions fixés. Avec ses fils, il a conforté mes propositions et m'a toujours soutenu dans les moments difficiles.

MES PREMIERS PAS CHEZ ARMOR

Mon arrivée chez Armor le 20 septembre 2004 a été un jour mémorable. Après être allé chercher les actionnaires à la gare de Nantes, je suis entré avec eux pour la première fois dans le site d'Armor. En raison de la confidentialité du processus, je n'avais pas encore vu le site du siège d'Armor dans le quartier de Chantenay à Nantes. Ma première impression a été un choc. Le site était vieillissant. Des planches étaient même disposées au-dessus des portes pour protéger les visiteurs du risque de chute de tuiles du toit. Certaines fenêtres, dont celles de mon bureau, ne fermaient pas, m'obligeant à

1. Antoine Rufenacht est mort le 5 septembre 2020, laissant un vide dans la vie politique française.

travailler avec des gants en hiver. Le site de découpe industriel était sombre ; les ouvriers travaillaient pour la plupart sans fenêtres. Plusieurs bâtiments étaient abandonnés. J'avais vu beaucoup de vieux sites industriels en Chine. Mais celui-là était en plus piteux état que ceux que j'avais visités là-bas.

Le deuxième choc a été ma présentation au comité d'entreprise (CE), appelé désormais comité social et économique (CSE). Je me suis retrouvé devant une douzaine de représentants syndicaux. Antoine Rufenacht m'a présenté rapidement et nous a dit : « Voilà, je vous laisse, je dois retourner à Paris car j'ai un rendez-vous avec Jacques Chirac[1]. » À peine était-il parti que la secrétaire du comité d'entreprise de l'époque, syndicaliste de tendance trotskiste, a fait une déclaration : « Monsieur de Boisredon, nous savons qui vous êtes, nous nous sommes renseignés, et nous vous déclarons que nous ne vous faisons pas confiance. » Et moi de poser la question : « Je n'ai pas encore eu le temps de me présenter, mais pouvez-vous me dire la raison de votre manque de confiance ? » La réponse ne s'est pas fait attendre : « Parce que vous êtes un patron. » Le ton était donné. Je savais que ma mission serait difficile et qu'il faudrait lever beaucoup de préjugés entre nous.

Après cela, j'ai rencontré le comité de direction de l'entreprise, qui à l'époque était composé de 16 membres. La plupart étaient dans l'expectative, voire, pour certains, traumatisés par la longue période conflictuelle qu'ils avaient vécue, dont l'épilogue avait été le licenciement de mon

1. Antoine Rufenacht avait aussi dirigé la campagne présidentielle de Jacques Chirac en 2002. Il est resté un proche conseiller du président après son élection jusqu'en 2007.

prédécesseur. Tous me regardaient, attendant une parole de ma part. De mon côté, je ne savais pas comment entreprendre la rencontre. J'étais quelque peu impressionné, et en même temps j'étais impatient d'entamer le travail. J'ai expliqué simplement que j'étais heureux de les rencontrer et que, ne connaissant pas l'entreprise, je proposais que chacun me dise ce qu'il faisait chez Armor, ce qu'il appréciait, quels étaient les sujets de frustration ou d'insatisfaction, et quelles pourraient être selon lui les améliorations possibles. Après ce tour de table, j'ai proposé de rencontrer chacun.

Le but du livre n'est pas de détailler tous les chantiers de reconstruction de l'entreprise que nous avons menés depuis dix-sept ans, mais plutôt de partager quelques moments marquants lors desquels j'ai perçu que mon équipe et moi étions guidés, accompagnés par cette même présence que celle qui m'a précédé et a pris soin de moi tout au long de ma vie.

RECONSTRUIRE LE DIALOGUE SOCIAL

À peine deux mois après mon arrivée, j'ai demandé le soutien des actionnaires pour investir 50 millions d'euros dans la relance d'investissements de l'activité transfert thermique, qui fabrique des consommables pour l'impression des étiquettes code-barres et d'informations variables sur les emballages. Il fallait en parallèle restructurer l'activité des cartouches d'impression bureautique (cartouches jet d'encre et laser) qui était en forte perte, en raison de la baisse du marché de l'impression et d'une concurrence chinoise de contrefaçon.

La tension dans l'entreprise était vive. Je me souviens d'une altercation entre deux représentants syndicaux au sujet de l'investissement d'une machine qui devait apporter de la productivité dans l'usine et permettre de regagner des parts de marché. L'un d'eux disait : « Avec notre syndicat, nous bloquerons l'usine et empêcherons l'installation de la machine. » Il me faisait penser à Souvarine, cet ouvrier anarchiste dans *Germinal*, le roman d'Émile Zola, qui préférait saboter la mine plutôt que de voir réussir l'entreprise. Il voulait démontrer l'échec du capitalisme, quitte à le provoquer. C'est alors qu'André, le représentant de la CGT prit la parole et le confronta violemment : « Eh bien, si vous bloquez l'usine, vous devrez d'abord m'écraser car je serai là pour permettre l'arrivée des machines. J'aime Armor. Et ces machines, ce sont nos emplois de demain, alors je ne vous laisserai pas faire ! »

Quelques mois plus tard, en conséquence de la dégradation du marché de l'impression, nous devions malheureusement procéder au licenciement d'une quinzaine de personnes de l'activité des cartouches d'encre, très déficitaire. Au même moment, nous investissions dans un nouveau site industriel à une quinzaine de kilomètres de Nantes pour l'activité de rubans pour code-barres. Bien que nous n'y soyons pas obligés par la loi, j'avais proposé à ceux qui ne voulaient pas bouger dans le nouveau site de bénéficier des mesures du plan social mis en œuvre pour les personnes licenciées. Nous avions négocié un accord d'entreprise qui permettait aux personnes décidant de quitter l'entreprise de toucher une indemnité de trois ans de salaire. La négociation était presque bouclée. J'avais prévenu les membres du CSE que je devais m'absenter pour un deuil familial.

En sortant de la messe d'enterrement, j'ai reçu un appel me disant que l'un des syndicats avait organisé une manifestation sur le site d'Armor, avec des personnes venues de l'extérieur, des pneus brûlés, et fait venir la télévision régionale pour un reportage. Les autres syndicats s'étaient associés à cette initiative pour réclamer une indemnité complémentaire en supplément des mesures déjà accordées ensemble. J'étais surpris et choqué que certains aient profité de ce moment de fragilité familiale qu'ils connaissaient pour faire pression sur la négociation. Mais voulant apaiser la situation, j'ai accordé un effort financier supplémentaire. Cela n'a pas suffi ; les revendications sont reparties de plus belle. C'est alors qu'avec le recul que permet un événement tragique comme celui que nous vivions familialement, je me suis dit : « Nous proposons ce plan social pour 50 personnes, dont 15 qui n'ont pas le choix car effectivement leur poste est supprimé, mais pour les 35 autres, ce plan social est un aménagement pour faciliter leur départ car ils ne veulent pas venir travailler 15 kilomètres plus loin. Or il n'existe aucune obligation de proposer un tel plan, d'autant que je ne souhaite pas voir partir ces personnes de l'entreprise. J'ai pris conscience que nous étions dans une situation absurde. Au fur et à mesure des revendications, le plan coûte finalement beaucoup plus que les économies réalisées par les 15 suppressions de poste. » J'ai alors demandé aux membres du comité de direction de les retrouver le lundi matin à 8 heures et leur ai dit :

– J'ai pris une décision, celle d'annuler le plan car celui-ci n'a plus aucun sens. Je veux m'assurer que nous sommes tous solidaires.

Tous m'ont soutenu. J'ai ensuite convoqué l'ensemble des partenaires sociaux et leur ai dit :

– Vous avez profité de mon absence pour mettre le personnel dans la rue et formuler des revendications supplémentaires. Vous saviez que j'étais à un enterrement familial. Sincèrement, je trouve que votre manière d'agir n'a pas été correcte. Après réflexion, je vous annonce sans doute une bonne nouvelle. J'ai décidé d'annuler le plan social. Donc la décision est prise, vous pouvez l'annoncer aux salariés, il n'y a plus de licenciements.

Les représentants du personnel présents sont devenus blêmes et m'ont dit :

– Mais Monsieur de Boisredon, qu'allons-nous expliquer aux employés maintenant ? Ceux qui voulaient profiter du plan pour partir de leur propre gré ne pourront plus bénéficier des mesures d'accompagnement. Et nous aurons l'air de quoi ?

Et plusieurs représentants du personnel disaient :

– Mais c'est le syndicat le plus virulent qui a voulu radicaliser le conflit. Nous n'étions pas d'accord.

J'ai repris en leur disant :

– Mais pourquoi alors avez-vous tous signé les tracts pour réclamer plus ?

– C'est par solidarité syndicale, mais nous savions que c'était exagéré car l'accord que nous avions obtenu était très généreux.

Ma décision était prise. Je l'ai maintenue. La réaction des salariés contre le syndicat extrémiste a été très vive. Ils n'ont pas apprécié que celui-ci leur fasse croire qu'ils pouvaient profiter de la situation. Le syndicat qui avait radicalisé le mouvement a été balayé aux élections syndicales. La CFDT, plus modérée, est devenue majoritaire.

Lors du premier CSE de la nouvelle équipe, j'ai posé le débat en ces termes : « Armor a connu des conflits sociaux répétitifs ces dernières années, jusqu'à l'extrême. Nous avons une orientation à définir, direction et partenaires sociaux. Nous pouvons choisir soit la confrontation, soit le dialogue social constructif. Je tiens à vous dire que mon choix est celui du dialogue social constructif. Si vous choisissez la confrontation, c'est votre droit. Je vous confirme alors que j'appliquerai la loi, mais rien que la loi. Si vous choisissez le dialogue social constructif, je m'engage vis-à-vis de vous à ce que nous réalisions des accords qui iront bien au-delà de la loi. Je vous laisse discuter entre vous et vous me direz ce que vous choisissez. » Je les ai quittés. Après une heure de débat, Loïc, le nouveau secrétaire du CSE, est venu me chercher. Dans un silence impérial, il a pris la parole et dit : « Nous avons débattu, nous n'étions pas tous d'accord, mais nous avons choisi. Nous nous engageons à construire un dialogue social de qualité et choisissons de vous faire confiance. »

Ce jour-là, une nouvelle étape de la vie d'Armor a commencé. Nous avons réalisé un grand nombre d'accords sociaux sur l'épargne salariale, l'intéressement, la participation, l'égalité homme-femme, l'embauche de personnes handicapées, la gestion des compétences, la qualité de vie au travail, la pénibilité. Nous avons créé une université Armor sur le site industriel, formant le personnel pour devenir pilotes de machines robotisées. Quelque 250 diplômes de niveau bac pro ont été délivrés. Plus de 300 personnes ont été embauchées durant les huit dernières années. La moyenne d'âge du personnel étant de 35 ans, la question de la garde des enfants s'est posée et du coup, nous avons créé une crèche d'entreprise. Également, nous avons relancé l'association sportive à laquelle participent plus de 150 salariés.

Je tiens à honorer la volonté de coopération des partenaires sociaux d'Armor qui sont des parties prenantes constitutives de la réussite de l'entreprise. Le rôle des partenaires sociaux est absolument essentiel. Le secrétaire du CSE, Loïc, me disait souvent : « Nous pouvons avoir des désaccords, vous et moi, mais dans le fond, nous désirons tous les deux la même chose : le bien de l'entreprise. » J'ai toujours eu une profonde estime pour le courage, le *leadership* et la hauteur de vue de ce représentant syndical. Il a fait évoluer mon regard sur le syndicalisme et m'a beaucoup apporté par nos échanges.

Par le dialogue social de qualité que nous avons bâti ces dernières années, je me rends compte qu'au-delà de nos fonctions respectives, la seule chose qui importe est l'engagement pour l'entreprise et le désir de progresser ensemble. Nous partageons pleinement cette vision.

D'autres moments m'ont montré la noblesse du rôle des partenaires sociaux. J'ai fait régulièrement le choix d'informer le CSE avant même l'ensemble des membres des comités exécutifs, lors d'évolutions stratégiques de l'entreprise. Le risque est évidemment qu'il y ait des fuites d'informations sur des sujets aussi confidentiels que peuvent l'être la cession d'une activité ou l'évolution du capital de l'entreprise. À chaque fois, je rappelle la responsabilité des partenaires sociaux, en leur disant que le pari de la confiance exige d'eux le respect total de la confidentialité. Ils ont toujours respecté cet engagement, manifestant ainsi le sérieux avec lequel ils assument leur mission dans l'entreprise.

L'enterrement familial que je mentionnais n'était pas anodin. Il a bouleversé notre vie de famille et d'une certaine manière mon rapport à l'entreprise également. Dans une vie, tout est lié. Il me paraît important de partager cet épisode de vie qui m'a marqué.

En engageant nos vies avec Marianne, nous avons dit « oui » à accueillir l'inattendu de Dieu. Cela nous a conduits à parcourir le monde. Mais nous ne nous attendions pas à vivre un chamboulement radical au sein de notre propre famille en plein milieu de cette nouvelle étape d'Armor.

Lors d'un repas familial, l'une de mes tantes nous annonce deux nouvelles concernant une cousine de mon âge, Daria. Elle nous prévient ; une des nouvelles est bonne et l'autre mauvaise. Cette cousine a toujours été passionnée de musique reggae, ce qui était plutôt novateur dans la famille. Elle s'est mariée, a eu un premier enfant, s'est séparée de son mari, puis quelques années plus tard, est partie vivre dans une communauté dans le sud de la France, qui organisait des concerts de rock et de musique jamaïcaine. Elle est tombée amoureuse d'un homme martiniquais, musicien de cette communauté, dont elle a eu d'abord trois enfants : Emmie, Levï et Maëlle. Et la bonne nouvelle : Daria attend un quatrième enfant, Natan.

Mais dans la foulée, arrive la mauvaise annonce : Daria vient d'apprendre qu'elle a un cancer du médiastin, entre les deux poumons.

Nous sommes tous sous le choc. La situation est complexe car Daria élève ses enfants au sein de cette communauté. Le père des enfants ne les ayant pas reconnus, il nous paraît improbable qu'il les prenne en charge. Personne n'ose aborder la question qui se pose en filigrane : que vont devenir les enfants si Daria meurt ?

Marianne et moi étions aux deux extrémités de la grande table du déjeuner familial, au milieu d'une douzaine de membres de notre famille. Nous ne pouvions pas nous parler, mais à l'annonce de cette nouvelle, nous nous sommes regardés, avec une complicité dans le silence que je connaissais car c'était le même regard que celui échangé lorsqu'Hector nous avait demandé de l'accueillir chez nous au Chili. Sans un mot, nous nous sommes compris : cette histoire allait nous concerner. C'était d'autant plus surprenant de ressentir cela que je n'avais pas revu ma cousine depuis 25 ans. Mes derniers souvenirs se situaient lors des vacances d'été chez notre grand-mère commune dans les monts du Forez.

Nous avons dit à ma tante que nous étions touchés par l'histoire de Daria et qu'elle pouvait nous tenir informés de l'évolution de la situation. L'histoire s'est ensuite accélérée. Daria, sachant notre proximité, nous a d'abord demandé si nous acceptions d'être parrain et marraine d'Emmie, sa fille aînée, lorsqu'elle a décidé de demander le baptême pour ses quatre enfants. Puis, un an après, alors qu'une rémission de sa maladie semblait acquise, le téléphone a sonné. Daria a prévenu Marianne : « Les médecins m'ont dit la vérité. J'ai un cancer généralisé. Il ne me reste que quelques semaines ou quelques mois à vivre. Je cherche une solution pour mes enfants. » Puis elle nous a rappelés quelques jours après, en nous demandant si nous étions prêts à accueillir chez nous ses deux aînés : Emmie (8 ans) et Levï (6 ans).

Marianne et moi nous sommes sentis concernés par cette situation. Nous avions un double sentiment : nous n'étions clairement pas préparés à cette nouvelle qui pouvait bouleverser l'équilibre de notre famille. Et en même temps, très rapidement, nous nous sommes dit : « Mais si nous – qui nous percevions tellement gâtés par la vie –, disons "non !", qui pourrait alors dire "oui !" ? » Notre premier raisonnement était avant tout rationnel. Ensuite, nous avons pensé à nos enfants. Marianne a eu l'idée que nous les invitions au restaurant deux par deux pour les associer à cette décision : Maïti (13 ans) et Xavier (11 ans), puis Vianney (8 ans) et Jean (6 ans). Leur réponse nous a profondément touchés : « Ben oui, c'est évident qu'on les accueille ! Génial, un frère et une sœur en plus ! »

Daria est décédée quelques semaines plus tard. Son enterrement a eu lieu en plein milieu des conflits sociaux évoqués auparavant. Nous avons accueilli Emmie et Levï en tant que famille d'accueil. D'autres cousins de Daria ont accueilli Maëlle et Natan. Nous avons entamé ainsi une nouvelle étape de famille recomposée à multiples dimensions, avec six enfants, dont quatre dans la tranche d'âge 6-8 ans et deux préadolescents.

Notre histoire familiale a connu des moments faciles et difficiles, pour eux comme pour nous. Cela a été une expérience d'ouverture à l'autre, à la différence, au sein d'une même famille. Nos enfants de sang ont su ouvrir grand leur cœur avec générosité à ces nouveaux frères et sœurs. Ils ont fait notre admiration. Quant à nos enfants accueillis, ils nous ont impressionnés par leur courage pour affronter leur histoire et se mettre debout dans leur vie. Que ce soit par leur affection, leurs coups de gueule ou leur indépendance, ils sont allés chercher l'amour en nous, nous ont bousculés dans notre confort et nos schémas.

Grâce à eux, j'ai découvert que le « prochain » dont parle Jésus dans l'Évangile est parfois plus proche de nous que ce que j'imaginais. Être présent aux micro-entrepreneurs ou aux jeunes exclus des quartiers défavorisés de Santiago m'a beaucoup apporté. Mais qui m'aurait dit que je serais aussi invité à accueillir le « prochain » dans notre propre famille ?

Après 14 ans passés ensemble, Emmie et Levï ont choisi de construire leur vie de leur côté. Pour le moment, nous n'avons plus de liens avec eux. C'est douloureux, incompréhensible pour nous parfois, car nous les aimons comme nos propres enfants, mais nous respectons leur choix. Encore plus que pour nos enfants de sang, nous apprenons que « nos enfants ne sont pas nos enfants... Bien qu'ils soient avec vous, ils ne vous appartiennent pas ». Cet extrait du recueil *Le Prophète* de Khalil Gibran résonne souvent en moi, comme une invitation au lâcher-prise. Marianne et moi ne regretterons jamais le « oui » que nous avons donné ensemble, qui nous a soudés plus profondément en couple et en famille.

Je dois à Emmie et Levï de m'avoir communiqué leur spontanéité et rendu plus attentif aux difficultés des autres, aux blessés de la vie. Venant d'un milieu privilégié, j'ai eu souvent tendance à sous-estimer ce que signifie se battre pour exister et avoir confiance en soi. Nos enfants accueillis m'ont fait évoluer dans mes schémas trop rigides parfois, mes jugements sur les autres différents de moi, mes aveuglements sur les besoins de plus de justice dans le monde, et m'ont montré qu'il pouvait y avoir d'autres manières de voir la vie.

Ces interpellations sont bien sûr venues nourrir ma réflexion en entreprise et ne sont pas sans lien avec la transformation que j'ai été poussé à réaliser dans ma manière d'envisager mon rapport avec mes activités professionnelles actuelles. Puis-je aussi sortir de ma zone de confort dans l'entreprise et me rendre présent aux difficultés du monde ? Et oserais-je imaginer, à partir de là, définir un projet d'entreprise qui prenne en compte l'« autre » ?

METTRE LE DÉVELOPPEMENT DURABLE AU CŒUR DE LA STRATÉGIE DE L'ENTREPRISE

À mon arrivée au sein d'Armor en 2004, l'activité des cartouches d'impression était en grande difficulté. Dans une logique financière, elle aurait dû être fermée. Mais 800 personnes y travaillaient, et tant que nous n'avions pas tout essayé, je ne pouvais pas me résoudre à supprimer ces emplois.

Armor « remanufacturait[1] » une grande partie de ses cartouches d'impression laser, c'est-à-dire les collectait, les nettoyait, vérifiait la qualité des pièces, remplaçait celles qui étaient usagées ou endommagées et les remplissait à nouveau de poudre toner. Avec un véritable savoir-faire industriel, Armor remettait les cartouches à neuf. Mais ce savoir-faire n'était pas valorisé. Pire, les commerciaux n'osaient pas dire que nos cartouches étaient « recyclées ». Ils le cachaient car ils subissaient la pression des fabricants d'imprimantes qui expliquaient que seules leurs cartouches neuves étaient de bonne qualité. Pourtant, de nombreuses études montraient que les cartouches d'Armor étaient de la même qualité que les neuves.

Deux expériences m'ont alors marqué.

1. Recyclait par un procédé industriel.

La première venait d'un débat interne. Nous subissions de plein fouet les attaques concurrentielles d'un revendeur qui importait des cartouches jet d'encre chinoise contrefaites, à bas coûts. Ces « clones » violaient la propriété intellectuelle des marques d'origine. Ils étaient revendus aux hypermarchés qui fermaient les yeux. De notre côté, nous dépensions beaucoup d'argent en recherche et développement pour inventer des cartouches respectueuses des brevets, ce qui retardait leur mise sur le marché et augmentait leur coût. En conséquence, nos ventes chutaient. Un débat s'est alors instauré au sein des équipes. Une solution était évidemment d'importer à notre tour des cartouches chinoises contrefaites pour regagner des parts de marché.

Je me souviens avoir ressenti comme une évidence que nous ne pouvions pas prendre cette direction. J'ai dit : « Si nous transigeons sur nos valeurs, c'est le début de la fin d'Armor. » Cette décision était difficile à assumer car elle signifiait « se compromettre pour vivre ou risquer de mourir en étant honnête ». Nous avons choisi de rester fidèles à notre ligne de conduite. Cela a eu un coût : l'une des grandes marques de la distribution, qui pourtant affiche publiquement son respect de la propriété intellectuelle, n'a pas apprécié que nous lui montrions que ses rayonnages étaient remplis de cartouches contrefaites et a décidé de nous exclure du futur appel d'offres. Notre concurrent a fini par mourir de lui-même, à force d'acheter des cartouches de plus en plus contrefaites et de piètre qualité. Nous avons regagné des clients depuis, qui ont validé notre stratégie. Le marché de l'impression reste difficile, mais rien ne pourra nous enlever la fierté d'être restés fidèles à nos valeurs. Même si cette activité devait un jour s'arrêter ou être cédée, je ne regretterai jamais le choix fait à l'époque de ne pas avoir vendu notre âme.

L'autre expérience marquante date de 2007. Je venais de voir le film *Une vérité qui dérange*, que j'ai évoqué au début du livre, dans lequel le vice-président américain Al Gore démontre les conséquences graves du réchauffement climatique sur l'évolution de la planète. Ce film a été révélateur pour moi. J'ai pris conscience de l'impact des dysfonctionnements liés à une surconsommation des ressources.

J'ai compris que je pouvais demander à mes enfants d'éteindre la lumière de leur chambre le matin avant d'aller à l'école, mais que la priorité pour moi était d'agir au sein de l'entreprise. Rien qu'en Europe, 140 millions de cartouches laser sont vendues chaque année. À peine 20 % sont recyclées. Les autres sont jetées, mises en décharge, détruites, broyées. Sachant qu'une cartouche pèse environ 1 kilo, cela signifie que 100 000 tonnes de matières chaque année sont perdues pour la planète rien que dans le domaine des cartouches d'impression laser pour les entreprises. Or, les équipes d'Armor apportaient une solution et la taisaient, comme si elles en avaient honte. Il m'est alors apparu clairement que notre problème pouvait être la solution. Je m'explique. Nous estimions ne pas réussir car nous ne faisions que des cartouches « remanufacturées ». Eh bien, nous en ferions notre fierté en devenant des militants de l'économie circulaire, des protecteurs des ressources de la planète.

J'ai proposé ainsi aux actionnaires de réorienter la stratégie d'Armor en choisissant de mettre le développement durable au cœur de la stratégie de l'entreprise. La première action a consisté à nous engager à ce que 100 % de nos cartouches d'impression laser soient « remanufacturées » et de le revendiquer. Avec Pierre-Antoine, intrapreneur au sein d'Armor, nous sommes allés encore plus loin, en proposant de collecter chez les clients leurs cartouches usagées. Nous nous sommes engagés à ce que 100 % des cartouches collectées soient réutilisées. Si elles sont cassées, elles seront démantelées, par séparation des différents plastiques, du cuivre, de l'aluminium de la cartouche et on leur trouverait une destination comme matière première secondaire. Pierre-Antoine a ainsi eu l'idée de transformer les plastiques récupérés en filaments 3D, ce qui a donné naissance à Armor 3D, qui conçoit et produit des matériaux 3D pour la fabrication additive[1]. Nous avons ainsi créé une magnifique marque d'économie circulaire, OWA, qui invite nos clients à s'associer à cette démarche.

C'est ainsi qu'Armor a pris ce virage d'entreprise industrielle au service d'un développement durable.

À partir de cette dynamique, nous avons réfléchi en équipes à la manière de mettre le savoir-faire d'Armor au service de la transition énergétique. La question était : quel est notre savoir-faire ? Était-ce l'activité historique de fabriquer des encres et des consommables d'impression ?

Nous avons organisé des ateliers de réflexion créative, qui ont identifié les véritables savoir-faire de l'entreprise : la « formulation » et « l'enduction de couches minces sur films minces ». Ces savoir-faire sont à la source de l'invention et de la production du papier carbone, des rouleaux de fax et aujourd'hui des rubans transfert thermique pour l'impression des étiquettes code-barres. En croisant ces expertises

1. La fabrication additive (ou impression 3D) s'oppose à la fabrication soustractive où l'on enlève de la matière pour atteindre la forme désirée. Dans la fabrication additive, les pièces en 3D sont construites par addition de couches successives de matière sous contrôle d'un ordinateur.

avec la volonté de servir la transition énergétique sont apparus deux nouveaux projets possibles d'innovation : les films collecteurs de courant qui permettent d'améliorer la performance des batteries lithium-ion d'environ 20 %, et les films photovoltaïques souples qui réinventent les panneaux solaires traditionnels, en étant 20 fois plus légers et en plus, flexibles et translucides.

Nous avons lancé ces projets en 2008. Ce sont des paris fous car ce sont des innovations de rupture qui requièrent de lourds investissements.

Les investisseurs financiers sont parfois décriés. Or nos investisseurs, d'abord la famille Rufenacht, puis le fonds de participations industrielles Orfite, enfin nos investisseurs actuels (Arkea Capital, Siparex, Amundi, Ouest Croissance et Unexo), ont soutenu nos innovations, sachant qu'ils n'en tireraient pas les bénéfices à court terme. Ils ont encouragé notre vision de mettre une technologie française au service de l'écologie de la planète, en acceptant un engagement de long terme, audacieux et risqué.

Personnellement, je goûte un bonheur durable à l'idée de pouvoir réconcilier l'entreprise et la protection des habitants de notre Terre, l'économie et l'écologie, et de pouvoir mettre l'innovation sociétale au cœur d'un modèle d'entreprise. J'ai suivi une étoile qui continue de me guider.

ET L'EXPRESSION DE LA FOI DANS L'ENTREPRISE ?

La question m'est parfois posée : pensez-vous que l'entreprise doive être chrétienne ? Témoignez-vous de votre foi dans l'entreprise ? Comment vivez-vous votre foi comme dirigeant d'entreprise ?

À titre personnel, ma manière d'agir est animée par ma foi chrétienne. Celle-ci me porte, me traverse, me donne de l'énergie, anime mon espérance, m'aide à accepter mes faiblesses, mes échecs et ceux de l'entreprise, et m'encourage à repartir de l'avant. Ma foi en Dieu nourrit ma vision d'un monde qui traversera des difficultés sans doute de plus en plus grandes, mais ne s'écroulera pas. Je crois que l'humanité « gémit dans les douleurs de l'enfantement », comme le dit l'apôtre Paul dans sa lettre aux Romains (chapitre 8, verset 28). Et, comme le dit le prophète Isaïe, il me semble que Dieu nous invite à croire dans le monde nouveau qui vient : « Voici que je fais un monde nouveau. Il germe déjà. Ne le voyez-vous pas ? » (chapitre 43).

Nous sommes appelés à être des visionnaires de cette humanité en devenir, et à travailler pour la faire advenir. Pour autant, je ne crois pas que l'entreprise doive être ou s'afficher « chrétienne ». L'entreprise est constituée d'une grande diversité d'hommes et de femmes. Le respect des opinions de chacun est fondamental, croyant ou pas. Quelle que soit l'appartenance religieuse ou l'athéisme de ses membres, l'entreprise est d'abord une communauté humaine rassemblée autour d'un projet. C'est le projet de l'entreprise, sa raison d'être qui fédère et rassemble. Pour ceux qui idéaliseraient l'entreprise « chrétienne », je dirais que celle-ci connaîtrait les mêmes défis et ne garantirait pas que ce soit plus facile…

Au sein d'Armor, dans l'espace de l'entreprise, je ne parle pas de ma foi publiquement. Même si tous ceux qui veulent se renseigner peuvent facilement connaître mes engagements, je n'estime pas utile d'en parler. J'essaie de la vivre pour moi et si cela irradie positivement et porte du fruit, tant mieux, cela ne m'appartient pas. Je ne vis aucune tension car je n'ai pas d'intentions sur les personnes. Ce qui m'importe, c'est l'engagement de chacun pour le projet de l'entreprise. Je suis émerveillé de l'implication de l'ensemble des équipes, bien au-delà de leurs croyances ou non, que souvent je ne connais pas.

En dehors de l'entreprise, je me sens parfaitement libre en revanche de partager ce que j'ai reçu et ce que je crois, comme je le fais par ce livre. Je n'engage pas Armor ni ses salariés. J'exprime à titre personnel ce qui m'anime et quelle est la source de mon action.

Il peut arriver cependant que me soit donné d'impliquer ma foi dans l'entreprise, souvent quand une personne connaît la détresse du deuil ou de la maladie et qu'elle me sollicite. J'ai vécu un moment très émouvant il y a deux ans environ. Une salariée est arrivée en pleurs dans mon bureau et m'a confié qu'on venait de détecter un grave cancer de l'estomac chez son fils d'une vingtaine d'années. La tumeur était grosse comme un pamplemousse. Elle était anéantie par la douleur de cette nouvelle. Je savais qu'elle était chrétienne. Dans l'intimité de mon bureau, je lui ai alors demandé si elle souhaitait que je prie pour elle et pour son fils. Nous avons prié ensemble en demandant la guérison de son fils avec toute notre foi. La présence de Dieu était évidente dans cette prière lors de laquelle nous remettions ensemble notre impuissance et notre espérance dans les mains de Dieu.

Six mois plus tard, cette femme est revenue me voir, rayonnante de joie. Son fils était totalement guéri. Il est aujourd'hui en pleine forme. J'en rends grâce à Dieu.

Y a-t-il un lien entre notre prière et la guérison de cet homme ? Je suis bien incapable de le dire. Et le penser pourrait paraître bien injuste pour tous ceux qui ont prié pour un proche emporté finalement par la maladie. Je crois en revanche à la force de la prière et à la paix qu'elle apporte dans la difficulté, bien au-delà des résultats visibles sur l'épreuve elle-même.

Ma conviction est qu'il ne faut pas chercher Dieu en dehors de notre vie concrète. Il est évident pour moi que Dieu est présent dans l'entreprise. Pourquoi ? L'entreprise est un lieu privilégié de co-création. Or la création est le propre de Dieu. Comment ne serait-il pas présent dans ce lieu de transformation du monde ? S'il n'est pas présent dans l'entreprise, où voulons-nous qu'il soit ?

Je perçois sa présence au quotidien dans l'entreprise. Le matin, après avoir salué mon assistante, j'entre dans mon bureau et je ressens que je suis comme précédé, comme si je n'étais pas seul, comme si j'entendais au fond de mon être : « Aie confiance et fais-toi confiance, je suis avec toi. » J'ai pu dire à quelques personnes que je considère mon bureau comme un lieu de la présence de Dieu, exactement comme l'est une église. Il ne manque que la lumière rouge du tabernacle attestant sa présence réelle[1]. Mais je n'ai aucun doute qu'il est présent à mon côté.

Dans certaines réunions du CSE, quand nous parvenons à trouver une unité entre direction et syndicats sur des sujets complexes, je suis comme en arrêt, en contemplation devant ce mystère d'unité qui nous est donné et que je perçois comme consolidant les racines de l'entreprise. Loïc, avec

---

1. La lumière rend toute chose visible. C'est pourquoi très tôt elle a symbolisé la présence de Dieu. Dans l'Évangile, Jésus se présente lui-même clairement : « Moi, je suis la lumière du monde. Celui qui me suit ne marchera pas dans les ténèbres. Il aura la lumière de la vie » (Jean 8, 12). C'est ainsi que la lumière rouge, couleur de la passion, est devenue un signal de la présence eucharistique près du tabernacle, la petite armoire qui occupe le milieu de l'autel des églises et qui contient les hosties consacrées pendant la messe.

lequel j'ai engagé parfois de difficiles négociations annuelles sur les salaires, me disait souvent : « Une négociation salariale annuelle réussie, c'est l'assurance d'une année réussie pour l'entreprise. » J'ai souvent constaté qu'il avait raison. Quand nous arrivons à construire une unité sur des sujets qui concernent toute l'entreprise, une force et une paix sont données, qui diffusent une énergie dans toute l'entreprise. Et avec un regard spirituel, je peux dire que nous permettons alors à Dieu d'agir avec nous. C'est bien le propre de l'Esprit Saint, troisième personne de la Trinité, d'être source de concorde, de dialogue véritable, d'écoute, et d'unir les cœurs et les intelligences.

L'année 2009 a été l'occasion de vivre un passage dans mon expérience de foi en lien avec l'entreprise. La crise économique battait son plein. J'avais accompagné la famille Rufenacht dans la cession d'Armor en novembre 2008, à peine deux mois après la faillite de Lehman Brothers. Le rachat de l'entreprise par Orfite, le groupe de participations industrielles lyonnais qui avait fait le pari du rachat d'Armor en pleine crise, exigeait que nous puissions atteindre un certain objectif de résultat d'exploitation, disons 10, pour pouvoir rembourser la dette d'acquisition. Moi-même et les six associés que j'avais choisis étions également impliqués car nous nous étions lourdement endettés pour prendre une part de capital dans cette opération capitalistique. Or, fin avril 2009, les résultats n'avaient jamais été aussi mauvais. Nous atteignions à peine 1 de résultat sur les 10 que nous devions réaliser à la fin de l'année. J'étais très inquiet. Nos actionnaires et mes équipes également. Je voyais déjà l'échec pointer au loin, avec toutes les conséquences que l'on peut imaginer.

Dans cette période, je participe à l'animation d'une session pour dirigeants d'entreprise organisée par Fondacio à l'abbaye de Lérins près de Cannes, sur le thème : « Réussite et performance en entreprise, et après ? » J'y allais, embourbé dans mes préoccupations du moment, pas très disponible intérieurement. Lors de cette session, le moine en charge des affaires économiques du monastère, le frère Marie-Pâques, est venu faire une conférence sur la foi et l'entreprise. Il a commencé en expliquant que « Dieu aime nos entreprises ». Intéressant. Je me disais dans ma tête : « Dieu ne pourrait-il pas nous aider un peu alors ? » Et puis, il a donné plusieurs exemples de foi devant des défis qui paraissaient impossibles *a priori*, mais pour lesquels Dieu avait répondu, invitant à croire que si nous lui confiions nos soucis et défis de nos entreprises, « Dieu y pourvoirait ». Et que pour cela, il fallait être concret et confier à Dieu vraiment nos demandes.

Au premier abord, je ne pouvais m'empêcher de penser que c'était un peu facile de croire que Dieu pouvait faire le travail à notre place. Mais peu à peu, j'ai compris que j'étais en résistance. Je manquais effectivement de foi. Je suis allé rencontrer frère Marie-Pâques et lui ai expliqué notre problématique de résultat. Il m'a dit alors : « Es-tu prêt à apporter ton *business plan* à Dieu, en lui demandant de te répondre ? » Après avoir longuement résisté à cette idée, j'ai finalement lâché prise et ai apporté concrètement mon *business plan* en déposant Armor entre ses mains, et en lui demandant de nous aider. Ce qui s'est produit est très étonnant. Je n'ai pas reçu de lumières fulgurantes, mais j'ai ressenti une paix profonde faite de l'assurance que nous allions réussir notre année et atteindre l'objectif de 10, alors qu'au bout de quatre mois, nous n'étions qu'à 1. Cela paraissait totalement impossible sur le papier et pourtant je recevais la confiance que cela allait se faire.

En revenant le lundi au bureau, je n'ai pas raconté cela car l'équipe m'aurait cru vraiment « illuminé ». Mais j'ai transmis la confiance que la réussite du résultat était entre nos mains et que nous allions l'atteindre, j'en avais la certitude. J'ai demandé à chacun des membres du comité de direction quelle part du défi il était prêt à prendre. Chacun a pris une part : gains commerciaux, réduction de coûts d'achat, optimisation de la productivité, etc. Les résultats ont commencé à s'améliorer de mois en mois, et nous avons terminé l'année 2009 à un résultat de 10,5. Cela a contribué à renforcer notre confiance en nous-mêmes pour la suite.

Je suis retourné à l'abbaye de Lérins l'année suivante pour remercier Dieu qui, une fois de plus, avait répondu à ma demande. J'ai compris que nous pouvions tout lui remettre, même nos préoccupations les plus concrètes et matérielles. Si elles sont légitimes, une réponse sera donnée, parfois différemment de ce que nous imaginons, mais rien ne sert de porter seul sur nos épaules des soucis que nous pouvons confier à la Providence.

Pour qu'il n'y ait pas d'ambiguïté, je précise que ce n'est pas Dieu qui a réalisé le résultat à notre place. La foi ne dispense pas d'agir. Elle inspire des voies nouvelles, une énergie, une confiance, qui invitent à croire que l'impossible reste possible, et crée l'audace de l'action. L'être humain a sa part de responsabilité sur Terre. C'est notamment ce qui fait sa noblesse.

LA PERSONNE FRAGILE, UNE CHANCE

Pour moi, le management ne peut pas vraiment être humain s'il ne laisse pas de place à la personne fragile au sein de l'entreprise. La rencontre avec Philippe Pozzo di Borgo, dont l'histoire a servi de modèle pour le film *Intouchables*[1], m'a beaucoup apporté. Par lui, j'ai compris que la personne ayant un handicap, loin d'être un problème, est une chance, parce qu'elle n'a pas de difficultés à oser dire : « J'ai besoin de toi. » Et ainsi, elle libère tous les autres de la peur de solliciter de l'aide. J'ai souvent remarqué que les équipes qui accompagnent en leur sein une personne handicapée rayonnent d'un esprit d'ouverture et d'un bien-être au travail particuliers.

Au sein d'Armor, c'est par Patrick que j'ai pu comprendre l'importance de donner une place à la personne fragile.

Il y a quelques années, le responsable des opérations logistiques m'a fait part de la difficulté que nous avions à gérer la présence dans l'entreprise d'un salarié qui était déficient mental de naissance. Il n'avait pas vraiment de travail et donc se promenait sans cesse dans l'entrepôt pour saluer les gens au milieu des chariots de manutention, ce qui générait un problème de sécurité. Que faire ? Lui trouver un autre poste ? Le faire partir ? Pourtant Patrick apportait beaucoup aux équipes par sa joie de vivre.

J'ai considéré que Patrick devait rester. J'ai demandé que soit étudiée une solution pour lui trouver un vrai travail. Quelques jours plus tard, ce responsable est revenu avec une

---

1. *Intouchables* est sorti en 2011. L'histoire est inspirée de la vie de Philippe Pozzo di Borgo (auteur du livre *Le Second Souffle* en 2001), tétraplégique depuis 1993, et de sa relation avec Abdel, son aide à domicile, dont les rôles sont tenus respectivement par les acteurs François Cluzet et Omar Sy.

proposition : « Nous avons réfléchi. Aujourd'hui, pour éviter les chocs dans les transports, nos cartouches d'impression sont calées avec des billes de polystyrène ou du papier kraft, ce qui nous coûte 40 000 euros par an. Par ailleurs, nous jetons d'énormes quantités de cartons issus des livraisons de nos fournisseurs. Nous pourrions acheter une déchiqueteuse permettant de transformer les cartons de nos fournisseurs en filaments, et les utiliser comme cales dans les boîtes de cartouches. Si nous installions les sécurités adaptées dans la déchiqueteuse, Patrick pourrait faire ce travail. » Lors d'une visite dans l'entrepôt quelques semaines plus tard, j'ai trouvé Patrick radieux. Il était devenu opérateur de machine et, en plus, faisait gagner de l'argent à l'entreprise. Son travail était reconnu par tous. Sa fierté et sa bonne humeur étaient contagieuses dans l'entrepôt.

Armor accueille aujourd'hui plus de 40 personnes avec handicap, notamment sourdes et muettes, et a développé des partenariats avec des établissements et services d'aide par le travail (Esat).

L'EXPÉRIENCE DE LA VULNÉRABILITÉ

Une chose est d'accueillir des personnes fragiles dans l'entreprise, une autre chose pour moi est d'accepter ma propre fragilité devant mes collaborateurs. J'en ai fait l'expérience lors de l'un des séminaires que nous organisons deux fois par an avec les six directeurs associés du groupe. Nous étions accompagnés par Henri-Pierre[1], un coach exceptionnel, qui avait fixé les règles dès le départ avec moi :

---

1. Henri-Pierre de Rohan-Chabot, décédé en 2020, a été très important dans mon parcours. Il invite à un management vrai et ouvert, dans le livre *Devenez un manager heureux. S'épanouir dans ses responsabilités*, coécrit avec Yvonne Altorfer aux Éditions d'Organisation, 2005.

– Tu es le dirigeant d'Armor, très bien, mais il ne s'agit pas de former seulement tes collaborateurs. Je veux bien t'aider à manager tes équipes, mais à une condition, c'est que tu acceptes d'être l'un parmi les autres et que tu sois prêt à te remettre en question comme tu le leur demandes. Si tu n'adhères pas à cela, je ne pourrai pas accepter la mission.

J'ai accepté, mais j'étais pris de peur. Je me disais :

– En me montrant vulnérable, conserverai-je mon autorité de patron ? Ne vais-je pas perdre de la crédibilité vis-à-vis de mes collaborateurs ?

Il m'a dit :

– Fais confiance. Vas-y !

Effectivement, dans l'un de ses séminaires, lors du dîner de démarrage, dans la bonne ambiance de l'hôtel, un événement a déclenché une prise de parole de l'un des membres de l'équipe sur quelque chose qui était enfoui depuis des années. Il n'avait jamais osé me dire une erreur de jugement que j'avais faite et une certaine indifférence de ma part qui l'avait choqué. À peine avait-il émis ce reproche que les autres ont à leur tour exprimé les uns après les autres les torts qu'ils voulaient me refléter sur ma manière de diriger. J'ai été alors pris d'un questionnement intérieur et me suis dit : « Qu'est-ce que je fais ? Est-ce que je résiste ? Dois-je chercher à répondre, à me défendre, à justifier le pourquoi des actions qui me sont reprochées ? » Henri-Pierre m'a regardé et j'ai compris qu'il m'invitait à écouter jusqu'au bout ce qui m'était dit. J'en prenais pour mon grade, je descendais de mon piédestal, ce n'était pas facile. Je me souvenais des formations de la Communauté Santa Ana lors desquelles on apprenait à recevoir ce que disait l'autre les mains ouvertes, sans réagir. Je me disais : « Écoute les reproches jusqu'au bout et tu commenteras après. » À la fin, quand j'ai voulu répondre, l'un de mes associés m'a stoppé et a dit :

– Hubert, on ne vous demande pas de répondre, on avait juste besoin de dire.

Puis un autre a complété en disant :

– Vous savez Hubert, si nous n'avions pas confiance en vous, nous ne serions pas capables de vivre ce que nous vivons maintenant.

Et un troisième de poursuivre :

– Vous savez, si on vous dit tout ça, c'est parce que nous sommes vos plus proches collaborateurs et donc nous devons être votre rempart dans l'entreprise. Et donc, si des critiques se manifestent, on doit être capable de répondre sur tout, donc c'est important qu'il y ait une transparence et une communication totale sur ce que vous pensez et sur ce que vous faites. Si on vous dit tout cela, c'est que nous voulons être une équipe extrêmement solide.

Ce qui s'est alors passé est étonnant. Loin de ce que je pouvais craindre, ce moment a renforcé une confiance réciproque extrêmement forte au sein de notre comité de direction générale. Paradoxalement, alors que j'avais laissé s'exprimer mes failles, mon autorité s'en est trouvée grandie. Non pas une autorité du haut vers le bas, mais je devenais encore plus crédible dans ce que je pouvais dire à mes collaborateurs, parce que j'étais passé par cette épreuve de feu. Pour moi, cette expérience a été comme un baptême. J'avais cette image d'une eau pure qui venait nous laver collectivement de ce qui pouvait mettre certaines ombres ou distances entre nous.

GAGNER L'AUTONOMIE D'ARMOR, UN PARI FOU

Expérimenter cette vulnérabilité a été le début d'un processus qui nous a conduits ensemble à prendre un risque collectif pour l'avenir d'Armor.

Orfite, le groupe de participations industrielles lyonnais qui avait racheté Armor en 2008, nous a annoncé en 2013 son intention de céder son investissement dans un horizon d'un à deux ans. J'étais assez préoccupé par cette situation car je craignais soit un démantèlement du groupe par un fonds d'investissement ou un concurrent qui ne s'intéresserait qu'à une partie des activités, soit l'arrêt des innovations que nous avions lancées, dont les films photovoltaïques souples, qui ne seraient pas rentables avant des années. Je savais en effet que les fonds financiers n'aiment pas trop les portefeuilles d'activités mélangées et sont en général tournés vers l'obtention d'une plus-value à court terme (3 à 5 ans). Ils ne verraient pas d'un très bon œil la poursuite d'investissements dans des *new techs*, dont l'espérance de retour à la rentabilité pourrait être à dix ans ou plus.

Je ne voyais pas d'autre scénario possible que d'accepter l'un des deux. J'en ressentais un regret et une impuissance car tout mon esprit souhaitait pouvoir continuer de construire l'aventure d'innovation d'Armor au service d'enjeux de société. Je pensais que c'était peut-être la fin de cette belle histoire. L'un de mes bons amis, Jean-Louis, a eu un rôle clé car il m'a poussé à étudier jusqu'au bout un autre scénario qui paraissait totalement fou, celui de reprendre la majorité du capital d'Armor avec mes équipes et l'appui d'investisseurs externes. Je me souviens lui avoir dit : « Mais comment cela serait-il possible ? Nous possédons 13 % du capital. Comment pouvons-nous imaginer en prendre la majorité ? » Après avoir étudié toutes les hypothèses, il est apparu que la prise de contrôle du groupe serait peut-être possible si tous les indicateurs étaient au vert sans qu'aucun ne tourne à l'orange.

Je me souviens de cette réunion avec mes associés, durant laquelle j'ai expliqué la situation. Pour des raisons personnelles légitimes, l'un d'entre eux avait décidé de quitter Armor. Pour que le schéma de reprise puisse se faire, il fallait que tous les autres, non seulement réinvestissent la totalité de leur mise de départ, mais s'endettent du double. Je les ai invités à en parler en famille et à nous retrouver une semaine plus tard, en apportant chacun sa réponse par écrit pour ne pas être influencé par les autres.

Marianne et moi avons également réfléchi. La solution la plus rassurante financièrement était de vendre notre investissement en même temps que l'actionnaire principal, ce qui nous aurait permis d'acheter la maison de campagne dont je rêvais depuis longtemps. Mais cette option ne me laissait pas tranquille pour les raisons expliquées auparavant. L'autre option était de créer une société familiale qui deviendrait actionnaire d'Armor et de l'endetter en misant tout ce que nous avions. Quand je dis « tout », c'est absolument tout : notre épargne, notre maison, en nous endettant à des montants jugés extrêmement risqués avec des prises de garanties bancaires sur tous nos biens. Un conseiller financier m'avait dit que c'était une folie car on ne doit jamais mettre tous les œufs dans le même panier. Je le savais, mais le sujet n'était pas l'avenir de mon portefeuille boursier, mais l'avenir du projet d'Armor.

J'ai consulté Marianne en lui disant :

– Ma chérie, je veux être clair avec toi. Si j'entreprends ce projet et que nous n'obtenons pas les résultats escomptés, non seulement ce sera l'échec de l'entreprise, mais nous ne pourrons pas rembourser les crédits et nous perdrons tout, absolument tout. Es-tu prête à devoir habiter avec les six enfants dans un appartement de deux pièces en location ?

Marianne m'a regardé et m'a dit :

– Hubert, qu'est-ce qui a de la valeur dans la vie ? Regarde les choix que nous avons faits depuis que nous nous connaissons. N'hésite pas, vas-y !

La réponse de Marianne ne m'a pas surpris car je connais sa liberté et son sens de l'essentiel, mais elle m'a donné ce jour-là une nouvelle preuve de son amour et de son courage.

Le lundi suivant, nous nous retrouvons tous en comité de direction. Je demande à chacun de retourner son papier et de lire son engagement. Le premier dit : « Je réinvestis tout ce que j'ai dans Armor et me rendette pour le double. » Le deuxième continue : « Je réinvestis tout et me rendette pour le double. » Et ainsi de suite, tous se sont engagés totalement. Quel témoignage d'implication après ce fameux séminaire d'associés !

C'est avec la force reçue de l'équipe que j'ai rencontré les associés de notre actionnaire majoritaire. J'éprouvais une certaine crainte devant le risque que je prenais. Je ne savais pas comment ils allaient réagir. Le président m'a demandé comment je voyais les choses pour l'étape suivante de l'entreprise. J'ai exposé alors le souhait que nous puissions maîtriser notre destin industriel et d'innovation sur le long terme. Il m'a dit :

– Que voulez-vous dire ?

J'ai redit :

– Maîtriser notre destin industriel…

Il m'a alors regardé avec un sourire qui montrait qu'il avait compris, et m'a dit :

– Vous voulez prendre le contrôle d'Armor, donc vous voulez nous virer, c'est cela ?

J'ai pu exprimer alors toute ma reconnaissance envers Orfite qui a été un actionnaire exemplaire. J'ai dit également qu'étant donné leur souhait de vendre, je serais heureux qu'ils restent comme actionnaire minoritaire, mais je savais que ce n'était pas dans leur stratégie, tout au moins à l'époque. J'ai demandé au président quel était son prix de cession. Il m'a alors indiqué la valeur qu'il attendait. Il m'a lancé comme un défi, qui sonnait comme un acte de confiance de sa part :

– Revenez d'ici un mois avec une offre ferme des banques et des investisseurs. Ne me décevez pas !

Je savais qu'il était inutile de négocier le prix car c'est moi qui avais sollicité cette démarche. Il m'appartenait donc d'obtenir les financements.

Les banques d'Armor et de nouveaux investisseurs nous ont donné leur confiance. Nous avons ainsi signé le rachat d'Armor en avril 2014, puis remis en place un nouveau cycle d'investissement en avril 2018.

L'un des volets de notre projet consistait à associer l'ensemble des salariés du groupe au capital. À ce jour, près de 500 salariés sont actionnaires d'Armor, dont plus de 60 % des salariés français.

Tous ensemble, équipe de direction, cadres et salariés du groupe, nous détenons désormais la majorité du capital de l'entreprise. Nous avons reconstitué une entreprise à capital managérial de long terme dans un esprit familial. Le projet d'Armor est plus que jamais une aventure collective.

À travers ce passage, j'ai expérimenté une cohérence dans l'action qui dépasse de loin ma personne. Au départ, une expérience de vulnérabilité en équipe, puis une démarche de foi encouragée par d'autres, enfin la gratitude devant des appuis divers, dont celui des banques, qui ont soutenu notre projet, notamment en raison de la confiance qui s'est construite dans le temps. J'en tire une leçon : n'ayons pas peur de nos rêves, de nos projets, de nos appels intérieurs, même quand leur concrétisation semble impossible au point de départ.

DONNER GRATUITEMENT

Bien qu'étant tous très différents, chacun des membres du comité de direction est animé par un idéal humaniste plus fort que la seule volonté d'engranger des profits. Un événement m'a marqué en ce sens.

L'un de nos concurrents américains, Iconex, nous informe que son usine a explosé, heureusement sans faire de victimes. Sa production est à l'arrêt. Il ne peut plus livrer ses clients. Il a sollicité les deux producteurs américains qui ont refusé de l'aider, voyant sans doute dans ses difficultés une opportunité d'augmenter leurs propres parts de marché. Le dirigeant de cette entreprise nous appelle donc en demandant si nous accepterions de lui livrer des produits depuis l'Europe pour qu'il puisse continuer à fournir ses clients américains.

Le réflexe naturel business était soit de décliner sa demande et d'essayer de mettre la main sur ses clients, soit de le fournir à des prix élevés, puisqu'il n'avait pas d'autre choix que d'acheter nos produits.

Tino, directeur commercial et marketing d'Armor, et moi avons réfléchi. Je reconnais que j'étais partagé sur le sujet par envie de gagner. Tino me dit : « Si nous étions dans la situation inverse, que souhaiterions-nous qu'un concurrent fasse pour nous ? » Et il a ajouté : « Eh bien je crois que non seulement nous devons le livrer, mais en plus le livrer à nos coûts sans chercher à faire de marge significative sur son dos. »

Tino, qui est loin d'être un naïf, m'a touché ce jour-là par son détachement et son souci de l'autre. Il m'a convaincu que sa proposition était juste, celle de n'en tirer presque aucun bénéfice.

Craig, le dirigeant américain d'Iconex, est venu à Paris et nous l'avons invité au sommet de la tour Montparnasse pour célébrer ce lien tissé entre nous.

Quelques mois après, Craig m'appelle et me dit : « Après l'explosion de l'usine, nous avons revu notre stratégie et avons décidé de vendre notre activité transfert-thermique. Je veux vous proposer à vous de l'acheter en priorité car je n'oublie pas ce que vous avez fait pour nous. » La logique était pourtant que ce soit l'un des deux leaders américains qui les rachète. Nous n'étions que le troisième sur ce continent.

Grâce à la relation personnelle de confiance que nous avions construite, nous avons conclu cette acquisition en 2018, ce qui a conforté la position d'Armor sur le seul continent où nous ne sommes pas leader.

Je tire de cette expérience une leçon : en toute chose, rester fidèle à ses valeurs. Agir selon les appels intimes de notre être sans calcul ni autre intérêt que faire ce que nous devons faire. Et de manière étonnante, le destin nous renvoie les actes de gratuité et de générosité posés, pour à la fin nous permettre de gagner plus que ce qu'auraient permis les plus savants calculs politiques ou stratégiques.

L'histoire d'Armor est jalonnée de ces expériences presque quotidiennes qu'un livre ne suffirait pas à raconter. Ces histoires sont irriguées par une ligne directrice : être utiles à la société, par des valeurs définies par l'ensemble des salariés : l'humanisme, l'innovation, l'engagement et le sens des clients.

À chaque fois, notre force tient à notre liberté et à notre unité en tant qu'équipe. Ce qui nous anime n'est pas l'appât du gain, mais un projet qui nous réunit tous, celui de contribuer à la transformation positive du monde par notre technologie. Là se situe notre liberté.

Nous agissons souvent de manière cachée, et parfois nos actions sont mises à la lumière, reconnues par d'autres, ce qui encourage à poursuivre le chemin. C'est ce qui est arrivé quand j'ai reçu le prix du stratège des entreprises de taille intermédiaire (ETI) *Les Échos* 2018 en tant que dirigeant d'Armor.

J'ai été alors tiraillé entre les sirènes de l'ego et l'appel à être témoin de la liberté qui m'habite.

Recevoir ce prix prestigieux est un honneur. J'étais fier pour Armor. Ce 29 mars 2019, nous voilà conviés dans le cadre exceptionnel du Grand Véfour[1] à Paris. Une trentaine de dirigeants d'entreprises du CAC 40 et du SBF 120 sont rassemblés autour de Christine Lagarde, présidente du FMI, venue spécialement pour couronner Carlos Tavares, président du directoire de Peugeot qui reçoit le prix du Stratège du CAC 40. Je suis impressionné d'être là et quelque part flatté à titre personnel de me retrouver dans la cour des

1. Haut lieu de la gastronomie de la vie politique, économique et littéraire depuis 200 ans.

grands, alors qu'Armor, comme ETI, ne peut se comparer aux grands groupes français.

En entendant les mots élogieux sur la capacité d'Armor à se réinventer et sur son engagement sociétal, qui mettent en valeur mon style de leadership, je ressens en moi l'euphorie de la réussite, mais aussi la tentation de l'ego. Illusion qui me ferait croire que je serais « arrivé » ou que je serais l'auteur de la transformation de l'entreprise. Quand il m'est proposé à mon tour de dire un mot à cette noble assemblée de grands patrons, je vois le piège de me contenter de prendre la lumière et de m'en satisfaire. Je pense alors aux salariés d'Armor, aux micro-entrepreneurs du Chili, à mes frères Jean et Louis, et tous mes amis, qui m'aiment pour ce que je suis et non pas pour une supposée gloire. Je me demande ce qu'ils aimeraient que je dise. En moi naît alors un désir d'être vrai, sincère, libre. Je me donne le droit de quitter le discours que j'avais préparé et de parler avec mes tripes.

Au moment de prendre la parole, je me suis dit au fond de moi-même : « Si tu ne parles pas en disant ce que tu portes pour le monde de l'entreprise, tu ne parleras jamais. Alors vas-y ! »

Je me suis jeté à l'eau :

> Je crois que les entreprises doivent s'engager dans les défis de la société, comme celui du réchauffement climatique. Le rôle sociétal des entreprises est évident. Celle-ci ne peut vivre en vase clos, indépendamment de son environnement. Nous avons décidé qu'un tiers du résultat d'exploitation d'Armor serait consacré à l'innovation sociétale, pour les films photovoltaïques souples par exemple. Cela va abaisser la rentabilité de l'entreprise à court terme, ce qui demande à nos investisseurs d'accepter une rentabilité moindre de leurs capitaux investis. Pourquoi le faisons-nous ? Tout simplement parce que le monde en a besoin. La logique

de vouloir maximiser le profit des entreprises à court terme ne répond pas à l'urgence de certains enjeux de société.

Je crois en un capitalisme participatif à dimension sociale. Il est parfaitement légitime que les employés d'une entreprise veuillent être actionnaires de leur entreprise. Engageons-nous à ouvrir le capital de nos entreprises.

En tant que dirigeants, nous sommes invités à nous engager personnellement. En effet, nos contemporains ont besoin d'entreprises qui, au-delà de la recherche du profit, ont un projet de société, avec une identité et même une âme. Cela ne pourra se faire que par des dirigeants qui osent donner de leur personne, jusqu'à avoir la capacité d'être attentifs à leurs collaborateurs, de montrer leurs émotions, de dévoiler leur visage humain, en ne cachant pas leurs faiblesses. Des dirigeants porteurs d'un projet, capables de fédérer leurs équipes en manageant avec leur âme. De cette manière, les personnes peuvent donner le meilleur d'elles-mêmes. Je crois que l'entreprise peut être un lieu d'épanouissement des personnes et de transformation de la société. Ce prix m'encourage avec mes équipes à poursuivre dans cette voie.

À la fin de cette prise de parole un peu particulière, je ressentais une joie simple, celle d'être moi-même. Je goûtais la liberté de vivre l'instant présent, comme on avance joyeux sous la pluie, sans se soucier des gouttes d'eau qui tombent sur ses vêtements. Il me semblait alors que ce n'était pas la grandeur que je recherchais, mais la liberté d'être fidèle au parcours qui est le mien, d'être un dirigeant serviteur d'un projet qui me dépasse pour contribuer à transformer la société. Qui suis-je pour prétendre avoir une influence sur l'avenir du monde ? Si j'étais seul, je ne pourrais pas grand-chose. Mais quand je pense aux équipes d'Armor, à Marianne, à nos enfants, aux nombreux amis avec lesquels nous entreprenons des actions collectives pour telle ou telle cause, et quand je reviens à la source de mon appel intérieur, alors oui, je ressens une force et une envie de poursuivre la route en prenant des risques. C'est cela qui donne du sens à ma vie.

CHAPITRE 7

POURSUIVRE EN MOUVEMENT

RÉSISTER À LA TENTATION DE S'INSTALLER

À 57 ans, après un parcours comme celui que j'ai pu décrire dans ce livre, à la tête d'une entreprise qui réussit, la tentation de m'installer dans un statut est grande. Le risque pour moi, comme pour beaucoup de dirigeants, est de vouloir savourer les victoires passées, conserver les avantages et privilèges gagnés au fil des années, et de me laisser couler dans cette pente jusqu'à la retraite.

Les rencontres des Philippines m'ont interpellé comme des invitations à sortir de la situation confortable dont je commençais à trop me satisfaire.

Jean, avec ses 23 ans, est venu me questionner dans ma vision de l'autre. Par son souci de l'avenir des enfants de son village d'Afrique, il m'a montré combien l'action n'a de sens que si elle est décentrée de soi. Il m'a donné envie d'agir et de m'engager avec lui pour transformer son village de Sô-Zounko. Mais alors qu'auparavant, je me voyais plutôt comme un dirigeant d'entreprise qui aide un Africain, j'ai compris que l'invitation était différente. Il s'agit de nous aider l'un l'autre. Nous nous sommes reconnus frères. J'ai besoin de Jean pour choisir l'essentiel dans ma vie, comme Jean a besoin de moi. Cette réciprocité est porteuse d'espoir. Je ne sais pas ce que j'apporterai concrètement à Jean pour aider économiquement son village, mais en prenant soin de notre relation, par nos échanges, nous nous enrichissons déjà de manière extraordinaire. J'ai une admiration sans bornes pour Jean, pour son leadership au service de son peuple. Jean pour moi est un leader serviteur, qui s'engage pour les habitants de son village. Il éveille le meilleur de moi-même. Il m'invite à mieux me donner aux autres.

La rencontre de Louis a également marqué un nouveau départ dans ma manière de regarder ma vie de dirigeant, et ma vie plus largement. Nous nous sommes accueillis dans nos différences et avons choisi de progresser ensemble sur nos chemins respectifs. Malgré la distance qui sépare la France des Philippines, nous avons échangé régulièrement autour de nos projets, de nos missions, sur notre vision pour le monde et sur les réponses que nous voulons apporter.

Pendant longtemps, je me suis représenté comme faisant bénéficier d'autres personnes, notamment plus jeunes, de mes années d'expérience. Pour une part, c'est vrai. Mais ce que je ne soupçonnais pas, c'était à quel point la vision d'une personne différente, par sa personnalité ou par sa jeunesse, pouvait m'amener à me réinterroger sur ma vie. Louis me bouscule par sa liberté de pensée et la radicalité de son idéal. Il me dit régulièrement : « Tu m'as raconté tes appels passés. Mais quels sont tes appels aujourd'hui ? Quel Hubert nouveau es-tu invité à être ? Quels sont les attachements que tu dois lâcher pour renaître ? Le renouveau de ton "faire" se dévoilera de lui-même quand tu auras travaillé au renouveau de ton "être". Tu n'as pas fini ta vie, tu as encore plein de projets devant toi ! » De même, je l'invite à dévoiler ses capacités et à oser se donner tel qu'il est avec confiance. Ce n'est pas une relation confortable car nous nous secouons l'un l'autre. Nous acceptons de nous remettre en question et nous encourageons mutuellement pour progresser. Notre but commun est de marcher côte à côte pour apprendre à suivre Dieu, c'est-à-dire à être fidèles à nos intentions et à notre boussole intérieure, librement, sans dépendre l'un de l'autre.

Enrichi par ces échanges, mais aussi avec Marianne et mes enfants, je me sens à nouveau en mouvement. C'est le cadeau qui m'a été donné en ce printemps 2018 et qui se poursuit. Je ne me retrouve pas dans la perspective de continuer paisiblement ma vie de dirigeant en attendant une retraite confortable. Mon désir est de continuer à écouter et suivre les appels de l'Esprit comme cela m'a été donné à 20 ou 25 ans. C'est en cela que je me sens proche de personnes qui cherchent le sens de leur vie. Les plus jeunes contribuent à nous montrer la voie. D'autres, plus âgés, ont sauvegardé leur idéal et le goût de l'aventure. À mon âge, je constate cette même quête, ce même désir de continuer de donner un sens à mon existence.

La jeunesse me touche car c'est une étape de la vie où tout est possible. En écoutant mes propres enfants, avec leurs questions sur l'existence et l'entreprise, je suis interpellé par le monde qui évolue. Ils sont libres d'entreprendre et soucieux de l'avenir de la Terre. Je suis frappé par leur agilité, leur ouverture aux autres et leur esprit tourné vers l'innovation, leur sens entrepreneurial aussi. Ils me poussent en avant. Leur souci des autres m'encourage.

Il serait facile et confortable de me dire : « Je sais ce qu'est être un entrepreneur qui pratique un management humain et je continue comme aujourd'hui. » Mais je souhaite autre chose : chercher ce qu'est être un entrepreneur prêt à se laisser interpeller par le regard d'un jeune d'une vingtaine d'années, qui est libre là où je reste enfermé dans mes certitudes. Ce regard me fait sortir de mes schémas car il me révèle mes immobilismes, mes attachements à mes sécurités, à mon ego, à mes privilèges. Mais en même temps, par ces sujets d'échanges et de progrès sur lesquels j'accepte de travailler, j'ai l'occasion de gagner en liberté. Cette interpellation n'est pas une contrainte, elle est un appel de vie.

Cette dynamique ouvre des perspectives nouvelles pour mon existence personnelle, mais aussi dans ma manière d'envisager la stratégie future d'Armor. Je ne suis pas capable de dire aujourd'hui ce que deviendra l'entreprise ni comment je m'y impliquerai de manière nouvelle dans 5 ou 10 ans. Mais je sais que la perspective d'évolution qui est devant nous est passionnante. Les innovations que nous avons lancées ouvrent des chantiers immenses de développement pour moi, pour les équipes actuelles de l'entreprise et pour d'autres qui s'engageront avec nous dans ce projet. Tout est à créer, à construire. Et peut-être y a-t-il de nouvelles manières d'agir avec d'autres à accueillir, de nouvelles activités à créer ou développer pour constituer une entreprise différente de celle d'aujourd'hui !

Envisager ma vie dans l'altérité de regards différents, notamment de jeunes prêts à s'engager, est stimulant.

Aux jeunes lisant ce livre, je dis : « Vous êtes une chance pour le monde et pour notre génération. Vous pouvez nous faire bouger, nous qui croyons savoir et qui pourrions facilement nous installer dans nos certitudes. Nous avons besoin de vous ! Comme vous avez sans doute besoin de nous ! »

À mes contemporains, en particulier ceux qui exercent des responsabilités en entreprise, je dirais – et je me le dis à moi aussi : « Il existe dans ces tandems intergénérationnels, voire disparates, une source d'espérance incroyable pour l'avenir. Parmi les plus jeunes, comme parmi d'autres, certains sont porteurs d'idéal et de radicalité. Ils ont la capacité de devenir nos futurs leaders. Ouvrons-nous à eux, laissons-leur de la place et faisons-leur confiance. »

Je précise : il ne s'agit pas juste de permettre à des jeunes d'être observateurs ou de leur concéder un rôle, mais de bâtir avec eux une alliance relationnelle. Comme seniors, nous sommes invités à oser dire au plus jeune : « Aide-moi car je ne vois pas, je ne sais pas », en lui donnant le droit et le pouvoir de nous interpeller. Cela suppose une ouverture à lâcher le contrôle et le pouvoir, qu'il nous coûte de partager car nous l'avons acquis avec tant de sacrifices parfois !

TRANSFORMER LA SOCIÉTÉ EN PROFONDEUR

Entre la banque de microcrédits et Armor, les lieux sont différents, les secteurs d'activité sont différents, les entreprises n'ont rien à voir, mais la finalité reste la même.

La quête de ma jeunesse demeure intacte. Reprenons la vision de Contigo : « Cette entreprise ne serait pas autre chose que la prolongation des liens de respect et d'amitié qui unissent ses membres. Les membres de l'entreprise s'engagent à se faire confiance mutuellement, à être ouverts à la nouveauté, à ne pas agir selon leurs propres schémas, mais à mettre leurs capacités professionnelles au service du renouveau de la société en œuvrant pour le bien commun. Cherchant cela, les membres de l'entreprise pourront expérimenter le travail comme un lieu d'unification de leur personne, leur permettant de vivre en unité leurs convictions, leur motivation et leur action. Ce sera une école où chacun pourra apprendre à réconcilier en lui l'"être" et le "faire". »

Je pourrais reprendre exactement la même phrase pour décrire mon rêve d'entreprise chez Armor. Et si c'est possible pour une banque des pauvres et une entreprise industrielle, alors sans doute est-ce une vision adaptable à toute entreprise.

À travers Armor, cette même vocation m'anime : engager toute mon énergie pour répondre aux enjeux de la société.

C'est pour cette raison que les divers projets de l'entreprise me tiennent tant à cœur. Réussir par exemple à développer un film photovoltaïque souple qui permette de convertir des surfaces artificialisées en source d'énergie serait une avancée énorme pour réussir la transition énergétique.

Nous avons déjà investi des dizaines de millions d'euros dans ce projet et devrons continuer d'investir encore durant de nombreuses années. Les défis devant nous sont humains, technologiques et financiers. Nous devons améliorer les rendements des films souples, baisser les coûts, déployer les premiers volumes, et obtenir les capitaux pour développer la technologie.

La réussite n'est pas certaine. Le travail à accomplir est encore énorme. Ce n'est pas gagné, loin de là. L'échec d'une telle innovation de rupture est même possible. Ce risque m'insécurise. Mais ce qui m'anime, comme ce qui porte les équipes d'Armor, est de suivre une étoile, une promesse.

Je suis conscient que cette vision peut paraître idéaliste, voire considérée comme de la mauvaise gestion financière. Pourquoi investir autant dans un projet dont le succès paraît si lointain ? L'ampleur d'une telle innovation diminue la rentabilité de l'investissement des actionnaires. Est-ce bien raisonnable ? Un dirigeant d'un grand énergéticien français me disait récemment : « Mais pourquoi investissez-vous autant dans les films photovoltaïques organiques, alors que la technologie en est encore à ses débuts et que vous n'êtes pas certains de réussir ? » En lui montrant les façades des immeubles de La Défense qui ne peuvent pas être couverts de panneaux photovoltaïques classiques, je lui ai simplement répondu : « Parce que le monde en a besoin. » Si nous voulons atteindre la neutralité carbone en 2050, nous devons diminuer par deux les émissions de CO_2 d'ici 2030, c'est-à-dire dans moins de dix ans. Sous cet angle, la priorité n'est pas de maximiser le profit à court terme. L'urgence est devant nos yeux. Tout doit être entrepris. Tout doit être essayé, en prenant le risque de perdre. Les vraies innovations sont celles qui paraissent irréalistes au départ. C'est pourquoi, selon moi, l'engagement dans l'innovation sociétale ne doit pas être conditionné à la certitude de son succès. On s'y engage parce qu'il faut le faire. Le succès, s'il doit venir, est une conséquence d'un acte juste, pas l'objectif recherché. L'acte juste est premier.

Mon rêve serait de pouvoir couvrir un jour avec nos films photovoltaïques non seulement les surfaces des immeubles de New York et de Dubaï, mais aussi d'apporter la lumière aux personnes qui n'y ont pas accès, à commencer par le village de Sô-Zounko de mon ami Jean. Nous nous laisserons guider par ceux qui sont dans le besoin. Ils nous aideront, moi le premier, à sortir de nos torpeurs.

Par ces projets et au-delà, mon moteur est de rassembler et de former des bâtisseurs de projets qui transformeront le monde de demain.

DÉROUTÉ !

« Nous sommes en guerre… » : le discours du président de la République du 16 mars 2020 donnait le ton de la gravité de cette pandémie du Covid-19. Comme beaucoup, j'ai tout d'abord été déstabilisé. Dans les minutes qui suivirent, je réunissais le comité de direction d'Armor pour décider de la poursuite ou non de notre activité. Les avis étaient partagés : que signifiait « être solidaire » ? Fallait-il fermer Armor pour protéger les salariés du risque sanitaire ou au contraire continuer de produire, pour éviter de mettre l'entreprise en péril et d'aggraver la catastrophe économique du pays ? Les tensions étaient présentes au sein de l'équipe. Comme dirigeant de l'entreprise, j'étais évidemment en première ligne de responsabilité.

Au fond de moi-même, je percevais qu'arrêter les sites industriels d'Armor serait une décision grave. En effet, Armor fabrique des consommables encrés qui impriment six étiquettes codes-barres sur dix en Europe, trois sur dix dans le monde, et assurent l'information variable de la plupart des emballages. Si Armor s'arrêtait, toutes les chaînes de production et de distribution se retrouveraient fortement perturbées. Le président avait clairement affirmé qu'il fallait poursuivre la production et la livraison des produits alimentaires et pharmaceutiques, ainsi que des biens de première nécessité. Assurer la traçabilité des produits était donc indispensable.

En conscience, nous avons décidé de ne pas arrêter notre production. C'est l'une des décisions de ma vie de dirigeant qui m'a le plus mis devant mes responsabilités. J'en ai assumé pleinement les risques. En équipe, nous avons choisi de poursuivre l'activité de l'entreprise et nous pouvons en être fiers.

Dès le lendemain matin, il a fallu mobiliser les membres de l'entreprise, dont plusieurs étaient pétrifiés par la situation. D'autres contestaient la décision prise. Christophe, le directeur industriel d'Armor, a organisé la production en mettant en place des mesures drastiques de protection sanitaire. Marc, Wouaïd, Willy, Martin, Moïra, Xavier, Tino et d'autres ont mis en place des rotations au sein des équipes du siège pour assurer un équilibre entre le télétravail et la présence dans les bureaux, indispensable au maintien du corps social.

Nous avons dû ensuite convaincre nos partenaires de nous soutenir. En effet, du jour au lendemain, les rencontres prévues avec des clients et les fournisseurs internationaux, tout comme nos séminaires commerciaux, ont été annulés. Maintenir l'activité des trente sites industriels mondiaux d'Armor a été un combat de tous les jours. Produire était une chose, mais il fallait pouvoir acheminer nos produits pour livrer nos clients. Les transporteurs répondaient régulièrement « absents », expliquant qu'ils ne livreraient que les biens de première nécessité. Je suis reconnaissant au préfet de la région Pays de la Loire, Claude d'Harcourt, d'avoir compris que sans traçabilité, les produits alimentaires et pharmaceutiques ne pourraient plus être livrés dans les magasins. Au nom de l'État, il a qualifié Armor d'entreprise « essentielle pour la nation ». Cette reconnaissance a légitimé notre décision de poursuivre notre activité auprès des transporteurs, des partenaires sociaux et d'autres parties prenantes de l'entreprise.

Ces lignes ont été écrites en juin 2021 ; je n'ai plus pris l'avion depuis un an et demi. Beaucoup de réunions, autrefois en « présentiel », se tiennent par écrans interposés. Nous travaillons au bureau en permanence avec un masque. Cela donne l'impression d'être « hors du temps », dans l'attente d'un « après » encore difficile à appréhender. Pour moi, c'est l'occasion d'une plongée en moi-même. Je suis poussé à creuser les questions fondamentales posées par cette pandémie, afin de recevoir plus profondément le sens de mon action et de discerner comment avancer.

Au cœur de la réflexion favorisée par les confinements successifs, j'ai voulu écouter une invitation à réinventer ma vie. Cette réflexion a pris la forme d'un débat intérieur entre le maintien de ma zone de confort et l'accentuation de mon engagement pour les défis environnementaux actuels. Je dirige une belle ETI industrielle, qui crée de l'emploi, agit positivement et est engagée dans des actions d'innovation sociétale reconnues. Le plus simple n'est-il pas de poursuivre ma responsabilité à l'identique jusqu'à ma retraite ? Pourquoi me poser des questions ?

Par ailleurs, j'entends les cris du monde, l'invitation à innover, à trouver des solutions aux problèmes majeurs de la société. N'y a-t-il pas urgence à lutter contre la crise climatique et à réorienter l'énergie financière au service des besoins essentiels des personnes, plutôt que de viser une maximisation permanente du profit ? Cela ne se fera pas sans ruptures, sans s'y consacrer avec ardeur. Serais-je prêt à me donner totalement à la mise en place de ces solutions, au point – s'il le fallait – de quitter mes responsabilités actuelles ?

Me placer devant cette éventualité a réveillé mes peurs. J'ai compris que je n'étais pas véritablement libre. J'ai pris conscience que j'étais très attaché à mon aura de dirigeant d'une belle entreprise et à la reconnaissance, voire au prestige qui y est associé. Qui suis-je finalement sans mes responsabilités ? Ne suis-je pas prisonnier de la peur de n'être plus rien ? Afin d'être libre dans mes choix, j'ai travaillé à me détacher de la valeur encore trop élevée que je mettais dans « Hubert dirigeant d'une grosse ETI », pour accorder plus de place à « Hubert soucieux des personnes, pleinement présent à ce qu'il entreprend et constructeur d'un renouveau sociétal ». J'ai pu alors accueillir mon engagement dans l'entreprise comme le moyen d'incarner une vision et non pas dans le but de satisfaire mon image de dirigeant.

Au cours de ce cheminement personnel, j'ai pris conscience également d'une autre tentation, que j'appellerai l'orgueil du détachement extrême. En effet, abandonner ma responsabilité d'entreprise pour me prouver ma capacité à être libre vis-à-vis de la recherche de prestige et de pouvoir ne serait pas nécessairement la marque d'un courage et d'une radicalité. Cela pourrait être une nouvelle forme d'orgueil, qui n'aurait pas de sens en soi. Le seul sens qui vaille est le souci du bien commun. Donc la véritable piste à suivre est à chercher dans le désir d'être utile au monde : que m'est-il demandé aujourd'hui, dans cette nouvelle étape de vie ?

À nouveau, comme dans d'autres moments de mon existence, je me suis laissé dérouter dans mes réflexions. J'ai compris peu à peu que j'étais attendu vers un « ailleurs » différent de celui que j'aurais pu imaginer. De manière étonnante, après avoir lâché prise, au point d'être prêt à quitter mes responsabilités actuelles, est apparue l'opportunité d'acquérir notre grand concurrent américain. Ce projet permettrait à Armor de consolider son leadership mondial dans la technologie d'impression des étiquettes code-barres.

Étrangement, au moment où je me demandais si j'étais assez libre vis-à-vis de ma situation de dirigeant d'entreprise, voilà que je suis invité non seulement à poursuivre ma responsabilité à la tête d'Armor, mais plus encore, à accompagner cette acquisition américaine qui va augmenter la taille de cette belle ETI à plus de 400 millions d'euros de chiffre d'affaires.

Quel est le sens de tout cela ? Pourquoi me suis-je préparé à remettre à Dieu mes responsabilités pour finalement devoir toutes les garder, en rajoutant encore à cela une nouvelle activité outre-Atlantique ? Existe-t-il une cohérence des appels de l'Esprit dans ces étapes ?

J'ai beaucoup prié pour comprendre. Et récemment, dans le silence du cœur, j'ai entendu cette phrase qui venait d'au-delà de moi-même : « Je ne te demande pas d'abandonner ce que tu fais, mais de le vivre différemment. »

J'ai alors compris que peu importe ce que je fais, que je conserve mes responsabilités ou pas. Finalement, là n'est pas l'essentiel. L'essentiel se joue dans le lâcher-prise intérieur, dans le fait de ne pas m'attacher à ma responsabilité de dirigeant d'entreprise pour combler la peur du vide, rechercher une sécurité ou la fierté de la grandeur et du succès. L'essentiel est la posture intérieure avec laquelle je me donne et ce que cela permet. Me revient cette citation magnifique d'Antoine de Saint-Exupéry dans *Citadelle* : « L'essentiel du cierge n'est point la cire qui laisse des traces, mais la lumière. »

La logique de Dieu est rarement celle des hommes. J'ai été invité à être prêt à lâcher mes responsabilités, non pas d'abord pour quitter Armor, mais pour conduire Armor différemment, dans une liberté et une audace nouvelles. De fait, l'entreprise bute comme beaucoup d'autres organisations sur certains blocages stratégiques et humains qui sont difficiles à libérer. Et cela ne sera possible qu'en ayant le courage de bousculer le *statu quo*, en invitant les équipes à travailler plus ensemble et à oser voir l'avenir au-delà des schémas imaginés.

À travers cela, je perçois que nous devons toujours rechercher le meilleur pour les personnes et les structures qui nous sont confiées. Il ne s'agit pas de s'efforcer de correspondre à une image de perfection puriste ou radicale de la liberté ou de la foi. L'enjeu est toujours de viser à construire un monde plus humain et plus juste, pas de correspondre à une image idéale de soi, ni même de vouloir paraître parfait aux yeux des autres ou de Dieu. Se rechercher soi-même, même pour de belles motivations spirituelles, est le piège dans lequel il est si facile de tomber pour qui cherche à plaire à Dieu ! Se donner à Dieu coïncide presque toujours avec se donner pour le bien du monde. Je dis « presque » car il peut exister des appels spécifiques à se retirer du monde. Mais même dans ces situations particulières, se mettre à part n'a de sens selon moi que si c'est pour offrir le monde à Dieu. Si la motivation est de se retirer par rejet ou fuite du monde, cela n'a aucun sens, me semble-t-il. Il est à craindre que cela ne tienne pas longtemps.

L'appel qui m'est proposé n'est donc pas de quitter, mais d'améliorer l'existant, avec encore plus de force et de cohérence qu'auparavant. Cela peut être plus engageant que créer du neuf. Continuer d'assumer ses propres responsabilités n'est guère plus facile que de les quitter, peut-être même au contraire car cela pousse à s'y engager et à oser corriger ce qui doit l'être pour augmenter l'impact de l'action. Cela implique d'être prêt à assumer la « croix » liée à la responsabilité que l'on accepte de garder. Un texte qui m'inspire en ce sens est un extrait du livre *L'Utopie* de Thomas More, qui invite à l'engagement : « Si tu ne peux mettre fin à des abus bien enracinés, tu ne peux pour cela déserter la chose publique. Tu ne peux abandonner un navire dans la tempête sous prétexte que tu ne peux en contrôler le vent… Ce que tu ne peux tourner en bien, tu dois tenter d'en obtenir ce qui paraît le moins mauvais. »

Alors vous me direz : « C'est bien de vouloir vivre l'engagement dans Armor différemment, mais en quoi ? comment ? » J'ai accepté dans cette période particulière de pandémie d'explorer mon rapport à la responsabilité. J'y ai gagné en liberté intérieure. Je peux dire aujourd'hui que je n'exerce plus ma responsabilité de dirigeant par goût de pouvoir, par désir de gloire ou par peur du vide. Plus que jamais, j'ai le désir que ma mission de dirigeant d'Armor soit ordonnée au bien commun, celui de l'entreprise, de ses salariés, ainsi qu'au service de la France et du monde. Cette liberté nouvelle me permet aujourd'hui d'axer plus encore notre action en équipe sur la consolidation de l'entreprise, en accord avec sa raison d'être.

Nous allons tout d'abord saisir l'opportunité d'acquérir notre principal concurrent américain. Cette alliance assurera la pérennité de nos deux entreprises. Je ne me sentais pas capable de mener cette action majeure, ambitieuse et risquée il y a encore un an. Mais aujourd'hui, grâce au cheminement intérieur de ces derniers mois, j'y suis pleinement prêt. Je perçois combien cela va permettre à l'entreprise de franchir un nouveau seuil de développement. Armor va devenir ainsi le plus gros acteur mondial sur le marché essentiel des consommables d'impression pour la traçabilité des produits, ce qui protégera les emplois en France et dans nos filiales à l'étranger. Ce concurrent américain avait essayé d'acquérir Armor en 2002. À l'époque, son chiffre d'affaires dépassait le nôtre. Vingt ans après, nous sommes devenus trois fois plus importants. Qu'une ETI française comme Armor acquière son concurrent américain est donc plus que symbolique : c'est le fruit du travail méthodique d'une équipe incarnant une belle capacité industrielle française. Elle ne devrait pas manquer d'inspirer d'autres entreprises.

L'autre volet du projet industriel qui a mûri en moi ces derniers temps concerne les activités *new tech*. Ces projets technologiques tournés vers les énergies renouvelables et la fabrication additive. Je souhaite travailler plus que jamais avec les équipes pour permettre à ces secteurs de progresser durant les prochaines années. J'ai exposé dans ce livre l'enjeu de développer une technologie photovoltaïque qui puisse couvrir les bâtiments existants, plutôt que les terres agricoles. C'est l'objet de notre innovation dans les films photovoltaïques souples et minces. De même, notre savoir-faire dans la fabrication de films collecteurs améliorant le rendement des batteries lithium-ion est un atout moins anecdotique qu'il n'y paraît pour un déploiement plus rapide des véhicules électriques. Enfin, réussir à développer de nouveaux modes de production de proximité telles que la fabrication 3D est l'une des clés pour relancer l'activité industrielle et l'emploi local. De nombreuses autres initiatives de ce type émergent, qui peuvent être des solutions aux défis posés à notre monde. Mon projet est donc de développer d'ici 3 à 5 ans une nouvelle entreprise industrielle de haute technologie apportant des réponses innovantes à de forts enjeux sociétaux. Mon souhait est de réaliser ce projet avec des personnes compétentes qui sont prêtes à prendre des risques et partagent des valeurs communes.

SE TOURNER VERS L'AUTRE

Cette période de pandémie due au Covid-19 et ses multiples variants a ainsi été pour moi une période décapante de remise en question. Une opportunité de renouvellement profond. Ce mouvement ne s'arrête pas. Alors qu'aujourd'hui, je poursuis mes réflexions sur l'avenir, il me paraît important de souligner combien je ne pourrais pas avancer sereinement sans l'appui d'autres personnes.

Écouter la voix intérieure qui parle au fond de soi, faire des choix en cohérence avec l'essentiel qui nous habite, sortir de sa zone de confort pour oser explorer un inconnu qui nous appelle, engager des projets ou prendre des responsabilités au nom d'un idéal, tout cela bouscule, désinstalle, déstabilise parfois. Ce sont des passages souvent difficiles et insécurisants. Or nous sommes mal préparés à ces situations. Les affronter seuls nous met en risque de nous illusionner nous-mêmes ou de fuir la difficulté qui apparaît, alors qu'il peut s'agir d'une invitation à sortir de nous-mêmes pour un mieux-être et un mieux faire. Agir en conscience peut nous amener à renoncer à des images, des croyances ou des habitudes auxquelles nous sommes attachés. Passer d'une situation à une autre, sortir d'un conformisme satisfaisant pour un inconnu qui nous met en risque peut être très inconfortable. Suivre l'appel intérieur qui nous anime nous fait inévitablement traverser des insécurités et des peurs. Mon expérience est qu'il est difficile et laborieux de vivre ces traversées seul. Discerner ce qui est juste demande d'avoir un vis-à-vis objectif, l'aide d'un autre qui nous accueille et nous respecte, qui est suffisamment libre de nous interpeller car il souhaite notre réussite.

Nous avons probablement tous autour de nous des personnes susceptibles de nous aider sur notre chemin. Pour ma part, j'ai pu bénéficier d'appuis précieux.

Durant ces trente dernières années, j'ai reçu en premier lieu le soutien inconditionnel de Marianne. Son regard créateur, plein d'amour et bienveillant si souvent, exigeant et vrai également car m'aimant vraiment, m'aide à me poser les bonnes questions, à choisir l'essentiel et parfois à me remettre à ma place quand je me mets trop au centre du jeu. Je sais que je peux compter sur son engagement à mon côté. Plus encore, mon action serait vaine si elle ne prenait pas sa source dans notre engagement de couple. Le couple est pour moi le lieu privilégié de l'apprentissage de l'amour et du ressourcement. Telle une danse qui invite au mouvement, cet apprentissage me pousse à sortir de moi-même au fur et à mesure des étapes de ma vie et de mes projets. Mon piège est d'être tenté de séparer l'engagement de couple d'un côté, et l'engagement dans le monde ou dans l'entreprise de l'autre, en y mettant des parois hermétiques. Or sans l'amour, je ne suis rien. Je dois encore lutter contre cette tentation de mener mes obligations professionnelles et de mission comme si j'étais seul. À l'inverse, quand je vis mes engagements en unité avec Marianne, alors je ressens une paix, une force et une harmonie qui me rendent beaucoup plus pertinent et efficace. Il ne s'agit pas de tout faire ensemble, mais plutôt d'agir en unité avec l'autre en le prenant en compte. Trouver cette harmonie n'est, je crois, jamais acquis pour toujours. Mais cela vaut la peine de viser cette unité.

Pour ma part, je suis conscient que je n'aurais pas pu accomplir ma vie professionnelle sans Marianne. Elle a toujours été pour moi un vis-à-vis actif et précieux dans les décisions que je devais prendre. Nous avons construit notre vie ensemble, que ce soit pour l'accompagnement des enfants, les expatriations et nos missions communes. Pour préserver le projet industriel et d'innovation d'Armor, nous avons fait le choix de miser tout ce que nous avions : notre épargne, notre maison et tous nos autres biens. Ce que j'ai entrepris n'aurait pas été possible sans notre engagement de couple qui s'ancre dans notre foi en Dieu présent au cœur de notre amour. Marianne m'apporte beaucoup dans mon travail par sa capacité à théoriser les concepts économiques. Elle me pousse à réfléchir sur le sens de mon action. De même, ma présence lui a permis de se déployer dans de nombreux domaines. J'ai pu l'encourager lors de ses concours pour devenir professeur d'économie, écrire son livre *Inventer une économie Yin & Yang*[1], puis prendre des responsabilités dans différents lieux, dont les Semaines sociales de France, ou au service des migrants. L'accueil de nos quatre enfants, puis de nos deux neveux à la suite du décès de ma cousine, est le fruit de notre unité. Plus récemment, c'est ensemble que nous avons pris la décision qui a conduit Marianne à accepter la responsabilité de Fondacio en France, dans la suite de notre

1. *Inventer une économie Yin & Yang. Témoignage d'une femme de terrain pour un monde plus juste*, Paris, Presses de la Renaissance, 2006.

engagement au sein de ce mouvement. Nous expérimentons de nous accompagner mutuellement pour que chacun devienne pleinement soi-même et puisse donner le meilleur de soi dans ses engagements propres, tout en veillant à maintenir un équilibre entre nous. Notre couple est pour moi le lieu prioritaire de rencontre de l'autre, d'apprentissage de l'amour et de la tendresse, qui me révèle mes richesses, mais aussi mes limites et mes difficultés à aimer vraiment. C'est le lieu privilégié du mouvement. Nous puisons notre force dans la gratuité de l'amour que nous nous donnons l'un à l'autre au quotidien. Avec le temps, nous découvrons combien cet amour qui prend sa source en Dieu est plus fort et plus durable que nos faiblesses et nos blessures.

Un appui incommensurable a été également l'expérience de l'accompagnement spirituel dont j'ai bénéficié depuis mes 20 ans avec le père jésuite Étienne Garin. Dans différents passages, j'ai pu apporter ma vie avec ses richesses et ses ombres, apprendre à accepter mes faiblesses et mes chutes, et me présenter à Dieu tel que je suis. J'ai pu relire ce qui m'arrivait, mes attirances, mes désirs et intuitions, mes doutes et combats, pour y discerner cet essentiel qui cherchait à émerger en moi. Dans le registre chrétien, on parle de discerner la manière dont l'Esprit Saint nous parle et nous conduit. Pour d'autres, ce sera apprendre à identifier, démêler parfois, et suivre les élans de vie qui sont en soi. J'ai essayé à travers ce livre de décrire certaines de ces traversées et la manière dont l'Esprit m'a conduit, parfois de manière imprévue et déroutante. Étienne nous a mariés et a continué de m'accompagner sur ma route, seul et en couple, jusqu'au 10 janvier 2021. Il portait alors ses 92 ans dans une forme incroyable. « Je n'arrive pas à vieillir », nous confiait-il. Et puis une dizaine de jours après, le Covid-19 l'a terrassé. Il est mort le 14 février. Ce jour-là, j'ai perdu un père spirituel qui m'a accompagné avec bienveillance et exigence tout au long de ma vie. Je ne rendrai jamais assez grâce à Dieu pour le cadeau qu'a été un tel accompagnateur. À chacun, je souhaite de rencontrer des personnes libres et enracinées, qui puissent aider à tourner son regard vers le meilleur de soi, vers Dieu et vers le Christ pour ceux qui le connaissent. Ce peut être des hommes ou femmes de Dieu, mais aussi des *coachs* ou des amis.

L'amitié tient une place importante pour avancer dans mes projets. Partager mes questions, pouvoir me montrer dans ma recherche et mes doutes, sans craindre d'exposer ma vulnérabilité, est une chance. Je pense à des amis comme Jean-Louis, Gérald, Pierre-Antoine, François, Louis, Renaud et Stéphanie, Raphaël et Caroline, Nicolas, Youna, Aubry, Jean-Étienne, Jacques et tant d'autres qui, avec les équipes d'Armor, sont autant de miroirs et d'appuis ou de « poils à gratter » dans ma mission d'aujourd'hui.

Avec Louis Faure – rencontré aux Philippines en mai 2018, avec Marianne et l'équipe de Fondacio –, nous nous sommes retrouvés autour d'une même ambition : participer à l'émergence d'un nouveau *leadership* chez les jeunes et les dirigeants ; une manière d'exercer des responsabilités qui parte, non pas de leur volonté de puissance ou de richesse, mais de leur être, en cohérence avec leur idéal et leurs valeurs. J'ai été interpellé par la liberté que Louis vivait dans l'organisation (GK) au service des plus pauvres. Dans son détachement vis-à-vis de l'argent et d'une carrière classique de jeune HEC, j'ai reçu pour moi une invitation à revoir mes priorités et à être plus libre dans ma relation au pouvoir, à l'avoir, et dans ma manière de diriger mon entreprise. De son côté, Louis a perçu en moi un appui pour oser exprimer et concrétiser son désir de mettre toute son énergie au service de l'accompagnement des personnes et de cheminer dans la foi. Nous avons commencé ainsi une relation d'amitié à distance. Elle est devenue progressivement un espace où nous nous accompagnons mutuellement dans ces situations de nos vies respectives appelant de notre part des décisions courageuses où s'engage toute notre personne. Nous avons petit à petit tiré des enseignements de cet accompagnement réciproque, que Louis a su théoriser et que nous avons appelé « compagnonnage ».

Quand nous avons choisi de nous aider dans nos choix, étant à l'époque un dirigeant d'entreprise de 53 ans et Louis un jeune volontaire engagé auprès des pauvres de 25 ans, j'étais enfermé dans une croyance que le plus âgé allait aider le plus jeune. Je me voyais mentor, mais je ne m'attendais pas à ce que le plus jeune puisse autant m'apporter dans la manière de diriger mon entreprise. Plusieurs fois, son regard détaché et libre m'a désinstallé au point que j'ai été tenté de ne pas entendre, voire de refuser les remises en question. Puis progressivement, j'ai accepté de ne plus être le dirigeant « qui a tout compris et n'a rien à apprendre ». Au fur et à mesure de nos échanges, j'ai découvert que notre quête commune était beaucoup plus vaste que nos différences d'âge. L'un et l'autre, dans nos contextes différents, étions tentés par le prestige ou le succès et souhaitions progresser en humilité. Nous cherchions tous les deux à être fidèles à nos valeurs et nos aspirations, et voulions développer en nous le courage d'agir, en devenant plus libres du regard des autres. Sur ce terrain-là, aucun n'était plus avancé que l'autre car, comme tout un chacun, il est des domaines de notre personnalité où, de fait, nous sommes moins libres. Il nous est ainsi progressivement apparu que nous pouvions nous aider réciproquement à progresser.

Sortir de l'image de l'Hubert dirigeant *successful*[1], accepter de ne pas savoir, me montrer dans mes limites et mes failles, en osant demander conseil au plus jeune, n'a guère été facile pour moi. Au début, j'étais assez fier d'apparaître comme le dirigeant qui a réussi et qui suscite l'admiration. Quitter mon sentiment de supériorité, me montrer dans ma vulnérabilité m'a fait descendre de mon piédestal. Il a fallu plusieurs fois que j'accepte d'entailler mon ego, de quitter l'image que j'avais projetée, au point de traverser la peur de décevoir l'autre. Ainsi, petit à petit, j'ai appris à ne plus regarder Louis comme un jeune – donc moins expérimenté que moi – pour voir en lui un égal et développer une relation où chacun de nous allait pouvoir interpeller l'autre et être pleinement légitime pour l'accompagner sur son chemin.

Nos échanges m'ont permis de me vivre moins attaché à mon statut, à la taille de mon entreprise, à mon pouvoir et mon image, pour découvrir que ma valeur était au niveau de « l'être », plus profonde que le « faire ». Par le travail méthodique que nous avons mis en œuvre, j'ai commencé progressivement à développer des réflexes permettant de dégager les croyances qui m'emprisonnent et gagner en liberté dans mes décisions. Je suis devenu plus libre dans ma responsabilité de dirigeant, plus présent dans mes rencontres, sans peur de montrer mes émotions ou ma vulnérabilité, conscient que c'est souvent à partir de cette vérité qu'émergent des solutions inattendues.

1. Qui réussit.

Il est important ici de préciser que ces évolutions ne sont pas liées à Louis en tant que tel car elles sont le fruit de multiples interactions : notre relation de couple avec Marianne en premier lieu, le père Étienne, de nombreux amis, Armor, Fondacio… qui m'ont permis de progresser sur ce chemin de vérité, de liberté et de présence. Dans ce mouvement, j'ai découvert qu'une relation d'amitié peut devenir un espace de conscientisation de ces progrès, des aspirations qui sommeillent et des luttes pour devenir plus libre. Cet espace que nous avons choisi de construire est un atelier de travail où chacun peut selon son besoin rassembler les pièces de tel ou tel domaine de sa vie qui s'entrechoquent, écouter les élans intérieurs et chercher quelle direction leur donner pour aller de l'avant. Une fois l'état des lieux établi sur les sujets à travailler, il devient possible de s'aider à formuler une intention de progrès, le premier pas à poser, et de s'encourager pour le mettre en œuvre. Une telle relation est un espace d'écoute parmi d'autres, qui gagne à être complété par des appuis que peuvent être des relations amicales, des accompagnements de type spirituels, professionnels ou psychologiques.

Petit à petit, il nous est apparu que cette expérience d'accompagnement réciproque, que nous commencions à appeler « compagnonnage », pouvait aider d'autres et que cela pouvait valoir la peine de la proposer sous forme d'un parcours progressif.

Après 2 ans de formalisation de ce parcours, Louis étant revenu en France, nous avons décidé de créer une entreprise pour aider des dirigeants et porteurs de projet à progresser dans leur *leadership* en vivant à leur tour une telle expérience. Je crois en effet que beaucoup de dirigeants restent à la surface d'eux-mêmes car ils ne donnent à personne la légitimité de les interpeller à confronter leurs peurs dans leurs responsabilités et dans leur vie en général. De ce fait, ils se retrouvent enfermés par elles pour n'avoir pas osé les exprimer et les traverser.

L'entreprise de conseil en *leadership* que nous avons créée s'appelle Eotekum[1]. Louis en sera la cheville ouvrière. Comme président d'Armor, je crois plus que jamais en la nécessité d'une transformation personnelle et d'un alignement de valeurs des dirigeants et des porteurs de projet pour rendre l'action non seulement efficace, mais féconde. Eotekum est un néologisme construit à partir du latin *eo tecum*, que nous traduisons comme : « J'y vais avec toi ! » Nous proposons dans une première étape d'aider les personnes à rejoindre leurs aspirations profondes et à formuler des intentions de progrès percutantes. Ensuite, nous proposons de les accompagner à entrer dans la pratique rigoureuse du compagnonnage avec une personne de leur entourage, afin d'apprendre à agir en cohérence avec ces intentions. L'invitation n'est pas de « faire à la place de l'autre », ni de « porter ses soucis », mais simplement de s'engager à « être avec ». Il s'agit d'être une présence aux côtés de l'autre pour l'aider à rester fidèle à son idéal et concrétiser les projets qui font sens à ses yeux, afin de mieux se donner aux autres et au monde. Eotekum propose pour cela une méthodologie et un cadre de référence spécifique. Il s'agit d'un apprentissage qui demande une formation engageante et rigoureuse, comme l'est une pratique sportive ou une discipline personnelle.

Notre conviction est que le monde a besoin de valoriser l'amitié et la fraternité comme des atouts qui nous sont donnés pour avancer dans notre vie et construire un monde

---

1. Site internet : www.eotekum.com.

plus humain, plus écologique et plus juste. Trop de beaux projets et d'entreprises souffrent, voire disparaissent, parce que leurs responsables, en apparence brillants et solides, se sont retrouvés trop seuls face aux défis qu'ils doivent affronter, bloqués par leurs limites et leurs peurs, n'ayant pas su rester fidèles aux valeurs et à la vision qui les animent.

Nous sommes également en réflexion avec Fondacio sur la manière d'apporter ce service dans un cadre associatif.

Par les bénéfices que j'en reçois depuis tant d'années, je peux témoigner de la bonne nouvelle du cheminement avec d'autres, dont l'amitié est l'un des trésors. C'est une source d'espérance qui vaut la peine d'être promue et encouragée.

OUVERTURE

DEVENIR DES BÂTISSEURS D'ESSENTIEL

ET MAINTENANT ?

En terminant l'écriture de ce livre, si j'avais une chose à transmettre, un cadeau à vous faire, c'est l'invitation à vous ouvrir à l'altérité, à l'inconnu, à l'autre qui peut vous écouter dans vos traversées. Là se situe la clé, me semble-t-il, pour rester en mouvement et être ouvert au neuf, afin d'accueillir la beauté de la vie qui est devant.

Ma conviction est que nous avons chacun besoin des autres pour ne pas rester ancrés dans des certitudes immuables. Demeurer enfermé dans sa zone de confort ne permet pas d'évoluer soi-même, ni d'apporter du progrès au monde qui nous entoure. Certes, il est plus confortable de s'isoler, de se protéger pour garder ses acquis et ses privilèges sans risquer de devoir bouger, mais cela ne nous permet guère d'apprendre. Je comprends mieux aujourd'hui cette invitation spirituelle à « mourir à soi-même ». Pour moi, cela commence par oser s'ouvrir à un proche. Oser confier un « je ne sais pas », oser dire « j'ai besoin de toi » vient me rappeler que ma valeur n'est pas dans le contrôle ni dans la puissance. Il s'agit d'accepter de quitter nos croyances et images sur nous-mêmes et sur les autres. Quitter ce à quoi nous sommes attachés et qui nous empêche d'être libres de suivre les élans de vie qui nous traversent. Accepter de nous laisser dérouter dans nos certitudes pour ouvrir en nous la possibilité d'une vie qui nous dépasse, n'est-ce pas cela, écouter l'Esprit et marcher avec Dieu ?

Après ce long cheminement qui m'a amené à être prêt à quitter, puis à recevoir à nouveau librement ce que j'étais prêt à quitter, me voilà donc à nouveau embarqué dans ma responsabilité de dirigeant d'entreprise, mais avec un esprit nouveau, plus libre, plus engagé, en mouvement, prêt à faire bouger les lignes et à réinventer l'entreprise !

Et comme l'invitation au renouveau ne vient jamais seule, après le départ des enfants de la maison, je me sens engagé également dans un renouveau de notre vie de couple avec Marianne. Là aussi, ce sont des passages progressifs, qui appellent à accueillir en soi un amour plus vrai, plus profond.

En partageant les expériences de ma vie qui m'ont marqué et m'ont permis d'être ce que je suis aujourd'hui, j'ai voulu reconnaître et honorer la source qui m'a conduit dans tous les moments faciles ou difficiles de mon existence.

Cette source est une voix intérieure qui jaillit du fond de l'être. Je crois profondément qu'elle est accessible à tous. Avec l'expérience des années de ma vie, je peux aujourd'hui attester que nous ne sommes pas seuls sur le chemin. Nous sommes habités par une présence bienveillante qui nous accompagne et se manifeste en nous comme une source vivifiante, sans cesse renouvelée. Cette présence est notre meilleur guide si nous nous mettons à son écoute, par la méditation, le silence, la prière… Nous pouvons lui faire confiance. Nous pouvons nous faire confiance.

Cette présence, cette source, sont bien réelles. C'est mon expérience que j'ai voulu exprimer dans ce livre. Je ne suis pas ma propre source. J'ai été porté, conduit, animé, précédé. Petit à petit, j'ai pu donner un nom à cette source. J'y ai reconnu la présence de l'Esprit Saint qui pour moi est l'un des visages de Dieu. Il est appelé également le consolateur, le protecteur, le défenseur. D'autres lui donneront un autre nom, tel un guide intérieur, ou pas de nom du tout. Peu importe finalement car cette source ne se laisse pas enfermer dans des schémas. Elle se donne à tous, croyants ou non.

C'est cette présence bienveillante qui a répondu au cri d'angoisse du jeune de 18 ans que j'étais quand je cherchais désespérément un sens à ma vie. C'est elle encore qui m'a guidé dans mes rencontres de New York, puis a ouvert les voies du Chili pour la création de la banque Contigo. C'est cette présence d'amour que j'ai rencontrée dans les jeunes drogués de la Communauté Santa Ana. Comment ne pas la voir dans la rencontre d'Hector ? Comment ne pas la reconnaître dans notre histoire d'amour avec Marianne ? La manière dont j'ai été embauché et envoyé en Asie chez Rhodia porte également la marque de cette présence qui m'a précédé. Quand je relis les épreuves qui m'ont amené à quitter ce grand groupe, j'y vois après coup la bienveillance de Dieu. J'avais sans doute besoin de cela pour sortir de ma zone de confort et oser risquer l'aventure d'Armor, qui ne cesse d'être bienfaisante, avec des rebondissements et des scénarios stratégiques passionnants à construire pour l'avenir.

Et plus récemment, cette tumeur au cou, l'opération qui a suivi et le congrès de Fondacio aux Philippines ont permis une liberté nouvelle et un élan de vie qui me porte. La rencontre de Jean et de Louis, mes frères d'Afrique et des Philippines, m'a ouvert sur un nouveau monde et m'a mis en mouvement. Avec Marianne, mes nombreux amis et divers compagnons de route, je rêve d'accompagner des jeunes et moins jeunes, dirigeants et porteurs de projets. Mon désir est de les aider à trouver le sens qu'ils veulent donner à leur vie et à un engagement dans le monde.

Depuis plus d'un an, le monde est sous le choc du coronavirus. Nous avions cru que l'homme pouvait maîtriser la nature, stimuler une croissance économique à l'infini, augmenter les profits et les cours de Bourse de manière exponentielle… au point de mettre en péril l'écologie, la biodiversité et les ressources de la planète… et voilà que ce virus inconnu a bouleversé l'équilibre de notre Terre et vient révéler la fragilité de nos constructions humaines.

À d'autres époques difficiles de l'histoire, des hommes et des femmes ont risqué leur vie pour combattre l'ennemi et défendre leur pays. Récemment, j'ai lu un livre magnifique[1], qui décrit l'engagement de ces héros à qui nous devons notre liberté d'aujourd'hui. L'auteur, Jacques Lusseyran, est aveugle. En 1941, alors que la France a capitulé, il entre en résistance et engendre un mouvement qui rassemblera plusieurs milliers de jeunes qui lutteront avec courage contre l'ennemi nazi pour libérer la France.

Le monde d'aujourd'hui n'est pas celui de la Seconde Guerre mondiale. Mais les menaces qui peuvent mettre son avenir en péril sont nombreuses. Il est possible, bien sûr, de continuer comme avant, en voulant s'enrichir ou en cherchant à se bâtir une vie paisible. Mais certains d'entre nous peuvent vouloir faire partie de ces résistants d'aujourd'hui et

1. Jacques Lusseyran, *Et la lumière fut*, Paris, Gallimard, coll. « Folio », 2006.

de ces bâtisseurs d'essentiel qui vont trouver leur joie dans le don de soi et inventer des voies nouvelles[1].

Le temps est venu d'affirmer haut et fort que le profit n'est pas un but en soi. La priorité de l'entreprise n'est pas la maximisation de son profit, mais bien son rôle de transformation de la société en profondeur, pour construire un monde plus humain et plus juste.

À 57 ans, je veux dire ma profonde gratitude pour la vie qui m'a été donnée. J'offre les années qui sont devant moi pour qu'elles contribuent à une transformation en profondeur de la société. Cela pourra se faire avec Armor et au-delà, avec mon épouse et mes enfants, et les compagnons qui seront donnés. L'avenir montrera le chemin. Je sais juste qu'il me faut être disponible pour continuer de suivre l'Esprit qui souffle !

Je souhaite sincèrement que mon témoignage soit une invitation à croire que chaque vie est unique, précieuse, et que nous ne sommes pas seuls sur le chemin ! Que nous ayons 20 ans, mais aussi 50, 60 ans ou plus, nous pouvons rêver notre vie en grand, en liberté, en mouvement. L'élan de vie et d'amour ne s'arrête jamais.

L'Esprit souffle en chacun d'entre nous et nous invite à le suivre, dans la confiance, pour notre plus grand bonheur !

---

1. Le livre *Changeons de voie* d'Égard Morin, Paris, Denoël, 2020, invite à tirer les leçons du coronavirus pour l'avenir.

REMERCIEMENTS

À l'achèvement de cet ouvrage, je tiens à remercier plusieurs personnes qui m'ont accompagné dans son écriture :

– Vincent Morch, mon éditeur, qui a eu l'idée de proposer que je rédige mon témoignage. C'est grâce à sa persévérance que j'ai osé me lancer dans cette aventure. Avec lui je remercie Vincent Montagne, Président-directeur général du groupe Média-Participations, qui m'a encouragé à mener à bien ce projet, ainsi qu'Hilaire de Laage, directeur général de Fleurus Éditions, et Sophie Cluzel, directrice éditoriale de Mame, pour leur confiance ;

– mon épouse Marianne, qui a supporté mes soirées et mes week-ends d'écriture, ainsi que mes pensées consacrées au manuscrit qui m'ont rendu moins présent à elle et à nos enfants durant les vacances ! Merci aussi à Marianne d'avoir relu attentivement chaque page et de m'avoir autorisé à dévoiler des pans de notre histoire de couple et de famille ;

– mes enfants Maïti, Xavier, Vianney et Jean, qui m'ont fait suffisamment confiance pour ne pas exiger de relire mes écrits avant leur publication ;

– mon père Alban de Boisredon, qui m'a touché par la précision et la délicatesse de ses commentaires. Quel cadeau ont été nos échanges sur tel ou tel passage de ma vie !

– mon ami et associé Louis Faure qui m'a accompagné avec franchise au long de l'écriture du manuscrit, jusqu'à avoir eu le courage de me refléter il y a un an que je devais encore gagner en liberté intérieure dans mon expérience de dirigeant avant de publier ce livre ;

– mes nombreux amis, dont les éclairages bienveillants et les questionnements ont été précieux pour moi pour oser sortir de mes zones de confort : Laurent Marbacher et Denis Gallet, pour notre aventure commune au Chili ; Pierre-Antoine Pluvinage et Renaud Sassi, qui m'apprécient suffisamment pour m'accueillir avec mes qualités et mes failles ; Jacques Lecomte, Aubry Pierens et Jean-Étienne Rime, pour leur relecture et leurs précieuses suggestions ; mon avocate Youna Le Bour, pour sa revue du contrat !

– mon assistante Iara Le Carbonnier, qui m'a aidé à préserver des plages de mon agenda pour accoucher des différents chapitres !

TABLE DES MATIÈRES

Certifié PEFC
Ce produit est issu de forêt gérées durablement et de sources contrôlées
www.pefc.it
PEFC/18-31-103

Achevé d'imprimer en août 2021
par l'imprimerie Rotolito en Italie

Numéro d'édition : 21126
Dépôt légal : septembre 2021